先学会爱自己，再遇见对的你

周梵 著

民主与建设出版社

图书在版编目（CIP）数据

先学会爱自己，再遇见对的你 / 周梵著．—北京：
民主与建设出版社，2018.10（2024.8 重印）
ISBN 978-7-5139-2329-3

Ⅰ．①先… Ⅱ．①周… Ⅲ．①婚姻—社会心理学—通
俗读物②恋爱心理学—通俗读物 Ⅳ．① C913.1-49

中国版本图书馆 CIP 数据核字（2018）第 235239 号

先学会爱自己，再遇见对的你
XIAN XUEHUI AI ZIJI，ZAI YUJIAN DUIDE NI

出版人 李声笑
著　者 周　梵
责任编辑 刘　芳
封面设计 仙境设计
出版发行 民主与建设出版社有限责任公司
电　话 （010）59417749　59419778
社　址 北京市朝阳区东湖街道宏泰东街远洋万和南区伍号公馆 4 层
邮　编 100142
印　刷 三河市九洲财鑫印刷有限公司
版　次 2019 年1月第1版
印　次 2024 年8月第7次印刷
开　本 880mm × 1230mm　1/32
印　张 8
字　数 210千字
书　号 ISBN 978-7-5139-2329-3
定　价 49.90元

自序

在关系里，
体验爱、感受爱、成为爱

两千多年前，卓文君给司马相如的《白头吟》里有一句：“愿得一心人，白首不相离。”

无论是在古代还是现代，亲密关系都是人类亘古不变的课题。活在这个娑婆世界，有那么多丰富的体验——喜悦、悲伤、担忧、恐惧、快乐、无聊、迷茫、兴奋……

我们需要联结、需要陪伴，没人能独自坚强，无人分享的成就只会变成另一种悲哀。

卓文君说：“愿得一心人。”然而，“一心人”能不能得到，取决于我们自己的这颗心。如果我们自己的心是分裂的，执着于好与坏、善与恶、强与弱、正确与错误的一端，始终执着于自己旧有的认知，无法超越二元对立的意识形态，那么我们是得不到“一心人”的。

没有平和，就会有攻击性：对内攻击，就常常感到懊恼、愧疚，在关系里就表现为讨好、牺牲；如果不想面对自己的攻击性，就会把这部分投射到伴侣身上，对他抱怨、指责，或者隐蔽的攻击——疏离、冷漠。

没有平等心，就会评判、比较，经常陷入内心的不安、嫉妒、自卑、自疑中。如果想掩饰这个部分，就会投射到伴侣身上，嫌弃自己的伴侣，缺乏尊重，甚至滥情。

亲密关系会像显微镜一样，把你压抑的、匮乏的、恐惧的、攀附的……你用各种技巧在日常生活中隐藏的、不想面对的这些，它都会全面而精准地呈现出来，因为这种一天 24 小时长时间的、零距离的相处，内心底层的东西必然会全面暴露在另一个人面前。这就是为什么那么多在世俗世界也许取得了些成就的人，最容易在亲密关系里体验到挫败感；那些几个星期或几个月才见一次面吃饭、喝酒、喝茶的朋友都认为你不错，但唯独你的伴侣（或孩子）总能一眼看穿你最隐秘的弱点。他们总能轻易地说出一句话戳中你的痛处。亲密关系就是这样，让你无所遁形。

这确实让很多习惯了活在社会形象中的人万分惶恐，因为甚至连他们自己都不确定，长年累月压在心底的东西，一旦被扒出来，会是什么恐怖的玩意儿，会不会把一切都给毁了？所以，这就是人们为什么觉得孤单、不被人理解、没有人懂得自己、疲惫不堪，渴望和一个人有联结、亲密，但真的可以亲密了，却又害怕得要死。其实，很多人的亲密关系最后的疏离、失败都是自己一手造成的。

婚姻的意义到底是什么？在我看来，只有一个——学习爱、体验爱、成为爱。而在爱里，你可以体验到生命的本质——空性，或者说空性就是爱。我在我的婚姻里实在是获益良多。每每诚实地面对自己时，我都会发现所有我对伴侣的不满归根结底都是对自己无能的回避。

在这本书出版之际，我跟我先生的婚姻马上要进入第十个年头。我们恋爱四年之后结婚，十四年前，刚刚跟他在一起时，我还只是个 23 岁的小女孩，有着和所有刚刚踏入社会的年轻人一样的青涩、稚气，对未来迷茫、患得患失。

那时候的我对爱情所有的认知都来自青春期时的想象和文学作品。我想象自己会遇到一个人足够爱我，守护我一生一世。最初，他也确实如兄如父般呵护、照顾我，这大大满足了我内在小女孩的渴望。而随着关系的深入和我的成长，我越来越多地看到了他的脆弱、他的无力、他的不成熟。当我看到这些时，是很失望的，这和我理想中的爱情不符。我不愿面对，只想逃开，因为这对我亦是一个巨大的挑战。手足无措的我不知道如何解决这些问题。

懊恼自己找错人，抱怨，或明或暗地表达不满，想通过分手躲开这一切……这些状态我都体验过。那种进退皆无门，被死死卡住的感觉，我知道是怎样的。

有幸的是那份面对自己的勇气和真实，还有一路精进的自我成长，让我留在了这段关系里。一路过关斩将，升级、打怪兽。当关系进入不同的深度，内心更深层隐蔽的主题就会被开启，过关之后会看到自己新的力量和特质被发展出来。当亲历这个过程时，真的会觉得非常奇妙。

人类是很神奇的生物，人最根本的需要就是真正的联结。只有通过和另一个人建立起亲密关系，才能形成一个鲜活的场。就像两个孤立的点只是零维，但是两个点联系起来，就变成一条线，就变成了一维。线的旁边再延展一条线，就出现了二维平面。借由这个场，让自己的生命能量可以有一个空间来回激荡、反弹、扩展，以更立体、更鲜活地看到自己的这颗心。没有亲密关系，就没有延展和流动的空间，我们的心就会腐败、死气沉沉；会永远对自己盲目，连一丝获得线索的机会都没有。我们可以永远自欺欺人下去。

在美好的关系里，我们可以有机会去体验爱、感受爱，甚至成为爱。每个人的爱都会夹带“私货”，会把过往的经历、信念系统、成长背景都带进来，即使知道自己的爱有局限，也还是要爱。

就像所有的表达都要承担一种风险，就是自己的意图会被曲解，但我还是要表达。我相信一个灵魂在某个时刻会因为这本书中的某段文字而得到抚慰或希望。你经历得越多、体悟得越多，你在这本书里就会看到更多不同的东西。

要特别感谢我的先生，他是个很好的私教。因为正是有他的爱、陪伴还有陪练，才有了今天这本书的呈现。

当我们修好自己这颗心时，必得一心人，白首不相离。

好的亲密关系
让彼此照耀

前几年，在我事业的高速发展期，正是先生事业的转型期，说得通俗一点儿就是在家待业。他在寻找新的事业方向，有很长一段时间的迷茫期。

我先生原来从事金融工作，但是他在这份工作中越来越不快乐，也找不到意义感。辞职之后一直都没有确定新的方向，断断续续换了两三份工作，每份工作长则十几个月，短则一两个月。后来二宝出生，他就待在家里以照顾孩子为主，有时来我公司帮帮忙，做些比较琐碎的工作。这个过程持续了四年。

我一直很想支持他找到力量突破这个“瓶颈期”，虽然有时很想催促他，但我知道这样做除了会让他备感压力外，不会有任何正面帮助。

记得他在家大概第三年的时候，有一次因为一件关于开车方面的小事，我对他表达了不满。他反驳，我们争辩了两句。我意识到再说下去两个人可能要真的吵起来，于是闭嘴不再说话。沉默了一分钟，我对先生说："好吧，这个情绪是我自己的问题，跟你没关系。"

然后，他竟然回了一句："如果你真的觉得这是你自己的问题，你连说都不会说的。"

当他给出这个反应时，我内心是非常不舒服的。心想我都有道歉的表示了，你不马上动容、感激，竟然还蹬鼻子上脸，更来劲儿了。简直反了你了。

我先生从我们恋爱开始，一直都对我很好，对我很包容，几乎所有的事情只要我非常明确地选择，他都会依允，并给出无条件的支持。所以长时间以来，我已经习惯了我们这样的关系模式，习惯了他对我的温柔和依顺。

因此，按照我以前的习惯，我一定会把他的这种嚣张气焰给拍下去。但是，长久以来的成长和自我觉察的训练，让我很快意识到，这种想在亲密关系中保留优势地位感觉的需要是一种历史角色的惯性。曾经的我内心安全感不够、自我价值感不够，但外在又呈现出优秀、能干的样子。这样的人在爱情里都会有极其苛刻的要求，会把任何一点儿忽视或对抗的表达理解为是对自己的不在意。

在这样的状态下，所渴望的爱情必须有安全感。在认识我先生时，我只有 23 岁，他在那个时候对我的宠爱和呵护很好地满足了我，在某种程度上也疗愈了我。

十年过去了，虽然现在的我和那时的我已经完全不同了，但留存在意识深处的这个部分依然还会时不时地跳出来。稍不留神，纵容一下自己，这个部分就会死灰复燃，并无限演绎，希望继续沉溺在这种舒服的关系中，舍不得跟它告别。

希望这种关系模式永永远远地保留下去的执着，会让我滞留在过去那个脆弱、敏感的小女孩的角色能量里无法真正的自我跃迁。

看清了这些，我仔细感受了下自己，意识到刚刚说的那句“好吧，这是我自己的情绪，跟你没关系”事实上真诚道歉的成分并没有那么多，反倒是藏着一股隐蔽的优越感，以退为进，用一副自我反省的姿态来衬托自己的“高级”，而我的先生却毫不留情地戳穿了我。

这时候，我知道我面临两种选择：是掩饰自己，用更强烈的情绪来打压他，甚至在接下来的几个小时里通过疏离、冷漠等方式来惩罚他，让他乖乖就范，以维护自己在关系中的强势形象；还是真实地面对自己，承认小我的把戏。

第一种选择当然会容易很多（过去数年，这都是相当熟练的把戏），但我不是一直很希望我的先生能够活出自己的力量来吗？我也一直口口声声地说想支持他活出这股力量，但当他的力量感和我的角色的利益发生冲突时，我明显犹豫了。

但是我知道，每一刻我都要为我的选择负责。当我选择占据强势位置打压他，让自己一时赢了这一刻时，不仅我得不到任何成长，就连我的先生也会收缩他的力量，在我面前只说我想听的话。而且，我永远也无法拥有一个散发着独立、自信、果敢魅力的伴侣。

如果做了第一种选择，那么在未来的某一天，我发现我的先生退缩没担当、彷徨又无力时，我是不能责怪他的，因为这就是我选择满足自己角色的需要必须付出的代价。即使换一个人相处，只要这个执念还有，就会创造出一样的问题。当下无处可去，每个地方你所体验到的环境、所联结的人、所遇到的事，无不是自己的心所投射出来的，自己的心不去打磨、不去改变，外部的世界是不会有任何变化的。

我沉默了几十秒后，对他说："好吧，你说得没错，我刚才说这句话只是想彰显下自己宽厚的气度，竟然被你看穿了。"说的时候，我就感觉到自己因为真实的坦露而松弛下来，整个人也更踏实有力了。

我忍不住笑起来，接着说："你现在洞察力好强啊，好有力量感啊。"顿了一下，我又补了一句，"不过，我喜欢。"

当对方的力量感是冲自己来的，我们还愿意加持对方时，这才是真正的支持和陪伴。同时，也很感谢我的先生，他没有一味地顺从我、讨好我，而是客观、真实地表达了他所感受到的。正是因为他真实有力的表达，虽然让我不舒服，但这种不舒服刺激了我，让我有机会明晰自己内在那些隐蔽的性格漏洞。

在这近十年的婚姻中，我和我的先生成了最好的朋友、搭档、父女、母子、情人……我们彼此见证、陪伴对方来到生命的不同高度。

我们当然有过很多的争吵，也有过失望和无力的感觉。在最初的几年，我有好几次想过要分开，不过几年之后对关系有了更深的承诺，这个念头就不再冒出来了。

亲密关系是非常好的学校，让我看清了自己的许多模式。很多次，我都会把自己做不到的无力感丢到他身上，用对他的失望来回避对自己的失望。每经历一个坎儿，我们就会变得更真实、更亲密，彼此更信任，也更有力量。

建立一段相互滋养、彼此信任且长久的亲密关系，需要发展我们的很多特质：智慧、力量感、爱、慈悲、创造力、勇气、阴柔力量、阳刚力量……在这个过程中，两个人的成长节奏会不同：有时你需要做追随者，有时需要做引领者；有时你需要被保护，有时可以保护对方；有时你要等待陪伴，有时可以享受信任。

多元性和丰富性其实并不需要通过换很多对象才能满足，在和同一个人的亲密关系的深度里，你同样能感受到丰富性，每个不同的阶段都能看到对方身上完全不同的特质被呈现出来。

曾经觉得一夫一妻制的婚姻制度只不过是人类经济发展过程中的一个过渡阶段，是时间最短也不够成熟的制度。但是，现在自己经历过之后才明白，这确实是一个对人性要求很高的制度，只有超越很多本能的东西才能在这样的关系中体验到更精微的妙处。

而人类的文明和发展正是人类的学习力所带来的，成长本身就是超越本能的过程。当你的亲密关系到达更高的维度时，本质上代表着你成长的新维度。你在亲密关系里得到的成果、能力和智慧，一样可以复制到事业或健康等其他的生命领域，因为生命的深度是可以共享的。

系上安全带，开始在亲密关系里好好地体验和享受吧。

c o n t e n t s **目 录**

自序　在关系里，体验爱、感受爱、成为爱 001

前言　好的亲密关系让彼此照耀 005

第一部分 —— 请你爱我之前先爱你自己

你是爱一个人，还是对一个人上瘾 003

爱让你自由，而上瘾让你失去自由 003

不再依赖别人对自己的评价而明白自己是谁 005

如何能活出真实的自己 011

你担心自己的阴影人格被发现吗 011

戒除自己的“好人瘾”，真实地表达自己 015

如果你爱我 017

真实地做自己不会破坏关系，幼稚才会 022

非黑即白的沟通方式更像是诡辩 022

成熟意味着看到另一个人的多元性与复杂性 024

不要为了安抚自己或家人而找人结婚 028

骨子里的匮乏感往往承袭于原生家庭 028

寻找优秀伴侣，是一种机会，更是一种可能性 032

用来控制别人的东西，都会反过来控制自己 036

弱小的人更会操纵 036

真正的臣服是勇敢地做回自我 038

不要让自己成为过度付出者或过度索取者 045

用力爱，是为了填补自爱力的匮乏 045

成熟的爱没那么戏剧化 048

不单盲目承诺，更要有实际行动 052

把注意力收回到自己身上，力量也就回来了 058

根本没有别人，你都是自己跟自己玩 058

被爱的感觉是自己给的 063

第二部分 —— 请把幸福的选择权放在自己手里

只剩下功能性的婚姻，还要不要 071

拥有看起来正常的婚姻，心底却有种虚无感 071

做选择，勇敢去面对未知 075

那些曾经的美好，还回得去吗 082

你们回不去了，你们只能往前走 082

当足够了解自己时，你就会发现爱情有迹可循 086

那些无力的人总是对伴侣嫌弃又依赖 091

“我可以为你搞定一切”是诱惑他人的筹码 091

你是否陷入了“强盗夫人效应” 095

练习：从评判中寻找力量 099

为了孩子将就的婚姻注定是个悲剧 101

“一切为了孩子”只是自我安慰 101

学会为自己的选择负责，直面恐惧和限制 105

当你身边有个“爱无能”的人 109

没有人能独自坚强，但错误的人只会偷走你的力量 114

爱是积累来的，不爱也是 120

别用痛苦来诱惑别人爱你 130

你是否借用痛苦获得关注和爱 130

从痛苦中走出来，比忍受痛苦更漫长 133

关系走向衰败不是不爱，而是不再信任 136

对方常常对你隐瞒真相怎么办 140

对你说谎只因你没有承载真相的力量 140

愧疚感，是关系中最不需要的 143

别让“随缘”变成无力感的狡辩 148

人最大的障碍是对自己盲目 148

当你要解决问题时，必须有新的意识维度 150

第三部分 ——— 你值得拥有美好的亲密关系

金钱真的是婚姻的照妖镜吗 161

你能挣钱就会有“金钱优越感”吗 161

一个人赚钱多少，取决于他和金钱的关系 165

没有真实，就没有亲密 170

朝夕相处的对方，让自己看到尚未察觉的模式 170

所有的伪装都会带来对自我和关系的消耗 174

没有被训练过的语言习惯会摧毁你与他人的关系 177

语言是能量转化的特殊媒介 177

注意你的思想，它会变成语言 180

面对伴侣的不忠，如果分不开，还有多大希望真正好起来 187

你的内心是否有足够的力量 187

能给出信任，是内心强大的表现 191

男人搞不懂女人？其实，男人也不懂他们自己 197

补偿不是爱，你不可能用补偿的方式替代爱 197

只有自己更稳定，才能给对方支持 200

看明白自己，你就具备了洞察他人的能力 204

当伴侣有个糟糕的原生家庭时，我们可以做点儿什么 207

幸福力的核心是学会寻求帮助 212

有力量选择你爱的，也有力量离开你不爱的 216

两头求全是不可能的 216

一段关系中的客体，也将成为你的镜子 219

你值得拥有美好的亲密关系 226

第一部分

请你爱我之前 先爱你自己

等到哪天女人不再痴缠、
不再耍赖、不再喜怒无常，那也就不再爱了。

你是爱一个人，还是对一个人上瘾

爱让你自由，而上瘾让你失去自由

上瘾很多时候看起来和爱非常接近，都是非常喜欢做某件事或和某人在一起，甚至为此疯狂，但这两者到底有怎样的区别呢？

简单来说，**爱让你自由，而上瘾让你失去自由**。自由就是减少自己被其他因素干扰及限制的机会。

能让自己在不同的层面自由是一种能力。很多人亦明白自由就是不让太多事情干扰自己，但为了这种自由，有些人往往选择让自己变得无所谓、麻木，对一切事情不在意，然后就不会让自己被牵绊了。

我的一个学员曾经跟我讲过她小时候的故事。

她在很小的时候家里很穷，有一次，有一个亲戚到他们家做客，给她带来了一包糖。在那个物资匮乏的年代，对于孩子来说，这是多么让人狂喜的礼物啊。她一直在旁边兴奋地默默等待，期待亲戚离开之后，她可以尽快地品尝那些糖。好不容易盼到亲戚终于起身要离开了，当她和妈妈把亲戚送出去之后，她满怀期待地找妈妈要糖的时候，她妈妈却告诉她，在送亲戚出门之后，将糖扔到臭水沟里去了。

在那一刻，她体验到人生最绝望的感受，拼命哭着问妈妈：“你为什么要这样做？”而妈妈给她的答案却是：“我们家里穷，以后也买不起糖给你吃。你吃过这一次，就尝到了糖有多么好吃，但以后再也吃不到了，会让你更难受，还不如从一开始就不要吃，不吃也不会想。”

那时，年纪小小的她实在无法理解，她足足哭了好几个小时才慢慢平静下来。而且，在她后来的记忆里，像村里人结婚这样难得的一些机会中别人给的糖，都会被她妈妈扔掉。到最后，他们兄弟姐妹不敢去吃，也不敢去要糖了。

这位学员说她成人之后，一直都不太喜欢吃任何零食，她一直都没兴趣去碰这些东西。所以，她妈妈似乎成功了。在吃糖这件事上，她试图让孩子自由，不再体验求而不得的痛苦，不用感受那种限制和无力感。

就好像很多文章在试图告诫人们的：

> 爱情就像两个拉皮筋的人，即使会受伤，也总是不愿放手。

很多这样的文章都在规劝大家不要去投入、去尝试，要矜持、要有所保留，以避免受伤。这就和那个妈妈对她的孩子们所做的事情很类似。而事实上，**真正会让人受伤的并不是爱，而是依赖或者说上瘾。**

不再依赖别人对自己的评价而明白自己是谁

人在关系中的成长分四个阶段：

第一阶段：感官体验

这个阶段属于前理性的阶段，儿童期基本上都处于这个阶段。比如，就像口欲期的孩子用嘴巴来探索世界一样，通过食物来延展自我是幼儿期很重要的成长，所以基本上每一个小朋友都非常贪吃、很馋，总也吃不够。而青春期则迷恋身体层面所带来的快感，比如性冲动。

也有不少成年人依然停留在感觉体验阶段，虽然他们的身体已经成人了，但是心智并不成熟。在这一类人的亲密关系中，更多只是对对方的身体上瘾，迷恋性快感，却不去体验深入的情感关系。其本质上和贪吃的孩子没什么区别，这样的人其实就是披着成年人外衣的小孩而已。

第二阶段：自我疗愈

这个阶段，开始进入更高层次、更深入的探索和体验——自我意识。不再仅仅停留在感官层面，开始进入到情感关系中，去体验自己的存在感。通常，在这个阶段是很容易发生爱情故事的。**当我们探索自己的价值和意义的时候，我们需要进入关系，通过一个对立面、某个参照点，去学习给出爱和被爱。**但是，我们在这个阶段还是在学习爱，我们所获得的和付出的并不是真正的爱。我们付出是因为依赖对方，并且需要很多的证明、证据来确定自己是被爱的。

所以，在这个阶段的爱情有极强的控制性。因为内在心灵的空洞尚未疗愈完成，完整的自我没有被构建起来，所以充满了不安全感。我们很容易牺牲、压抑自己去讨好别人，这让我们在爱情里变得卑微和隐忍。又或者因为害怕受伤，而变得隔离、冷漠，或控制。

我们会用各种手段去抓取对方，当我们感觉到对方在意自己、爱自己的时候，那一刻就好像在天堂，好像整个世界都变了。我们迷恋这种感觉，认为只有当这种感觉在的时候，生命才有存在感。当我们感受到对方的心疏离自己的时候，一瞬间就会从天堂掉到了地狱。在这个阶段的爱情就像坐过山车，一会儿甜蜜如蜜糖，一会儿厮杀如死敌。在这个阶段，爱情里的两个人是没有完整自我的，我们的自我需要建立在对面的这个人身上。

那些心灵美文里写道：

等到哪天女人不再痴缠、不再耍赖、不再喜怒无常，那也就不再爱了。

表述的这种状态不是爱而是上瘾。你见过上瘾的人吗？对抽烟、喝酒上瘾，对工作上瘾，对孩子上瘾，他们真的表现得很像爱。他们会为上瘾的对象付出，会花很多时间，会对对方很好，但背后却充满了迷恋、抓取、控制、患得患失。

我们上瘾和对方在一起的某种感觉，比如和这个人在一起带来的安定感、熟悉感，或者激情，甚至上瘾可以以某种方式为对方付出的成就感。这种执着跟迷恋那种刺激忘我的状态而熬夜玩网络游戏的人没有区别。

我们常常把“爱”和“上瘾”这两个概念混淆，**当我们对一个人上瘾的时候，就把对方物化了**。我们没有把对方当作一个活生生的人。我们并不在意对方的感受，也不会尊重对方的选择，只把对方变成实现自我的一种工具和手段。我们期待对方变成某种样子，或者用某种特定的方式来对待自己。而当对方脱离了自己的控制时，我们就喜怒无常，我们会痴缠、纠结。

不过，这个阶段对于我们自我探索的成长亦是极为有价值的。哪怕痛苦和受伤，都可以变成成长的养料，来让我们变得真正成熟、完整起来。最糟糕的是，痛过之后，没有看到自己心灵上的空洞，埋怨是对方的问题，是爱让人受伤，所以决定把心关闭起来，永远都不要去爱了。

有的人会让自己麻木和隔离，停滞不前；有的人干脆让自己退化到上一个感官体验的阶段，封闭内心，开放身体来体验快感和避免受伤。就像那个禁止孩子们吃糖的妈妈，她害怕孩子因为得不到而受伤。**拒绝，也许可以让我们得到暂时的自我保护，但我们会因此变得麻木，生活充满了无意义感，最重要的是剥夺了自我成长的机会。**

第三阶段：寻找平衡

如果在上一个阶段受伤之后没有自我封闭起来，就有可能来到这个阶段。在这个阶段，我们带着更多学习的态度进入关系，开始逐渐意识到关系的平衡。我们开始试着真正地了解对方（绝对不仅仅是在爱吃什么菜、喜欢什么颜色这个层面上），学会尊重对方的自由意志、成长背景和生活态度。

能做到这样的接纳和尊重，有个很重要的前提——不再依赖别人对自己的评价而明白自己是谁。

这是很重要的一个阶段，当我们来到这个阶段时，可以说曾经在原生家庭带来的心灵伤痛的空洞已经被疗愈了很多，人格逐渐变得完整，内心越来越有力量。可以说，这个时候的心智才真正成熟起来。

即使两个人发生分歧，也能真实地面对和沟通，愿意倾听对方的想法和感受，也不害怕真实袒露自己的所有，甚至阴暗的部分。

这个时候的亲密关系才真正有可能成为更纯粹的爱，不再只关注“我”，而关注的是“我们”。

第四阶段：体验扩张

有一部电影《她》，讲述的是一个男人和人工智能的爱情故事。事实上，电影中的这个“她”的自我意识进化速度非常快。她和男主角的爱情直接跳过第一个阶段和第二个阶段，从第三个阶段开始，并很快到了体验扩张的境界。

当“她”和男主第一次有过虚拟性爱之后，虽然那是一次很美好的体验，但因为男主角的第二个阶段没有走完，所以事情发生之后他心中滋生了很多焦虑。而“她”则非常明确地表达，很感激对方的存在，感激那个晚上，表达了在这段关系中自己真正想要的：

> 你唤醒了我，我内在的某些部分改变了。我想学习一切，学习和一切有关的事情，我想发掘我自己。

来到这个阶段，就意味着已经明白自己是谁，同时知道这个自己是可以无限扩展的，有无限的可能性，而对方的出现能让自己变得更好。

这个阶段就是没有你，我依然可以非常幸福和快乐。我可以不再需要你，但我还是很想要爱你。不是因为你是谁、你有什么，而是爱本来的你。

你让我成为更好的我，而你也因我成为更好的你。

这个阶段的爱情，在身体、情感、精神、灵魂每个层次都有共鸣。两个人可以真正称为“灵魂伴侣”。如果能来到这个阶段，那么对整个生命的高度都是一次重大的跨越。但是，很多人要么完成不了第二个阶段，要么被卡住而停滞不前，或者退行到第一个阶段。

如果体验到孤独或受伤，这个时候没有别的路可走，只有勇敢地让自己成长，勇敢地去直面自己不值得被爱的恐惧，去和内心最深处那个无处安放的自己联结。如果你能完成这个过程，那么恭喜你，你已经从关系中的上瘾和封闭跳脱出来，开始体验到传说中真正的爱情，你的生命将被真正打开！

如何能活出真实的自己

你担心自己的阴影人格被发现吗

把真实的情绪和想法压在心底大概是我们生活中常见的状态，太在意别人的想法，以至于很多人在关系中就会习惯性压抑。压抑不住了就爆发，或者为了避免有人会受伤，干脆疏离。所以，当有一天发现彼此的心已经离得很远了，那并不是一夜之间发生的。那些会把你淹没的巨大情绪都是过去由很多被忽略的、细小的情绪堆积而成的。

如果你习惯性回避，不去面对自己内在的感受，虽然这个感受可能很微弱，但是当某一天，如潮水一般的情绪突然在某个点猝不及防地爆发时，你再注意到，想要去阻止这个情绪的蔓延，就已经力不从心了。

我的一个朋友琪告诉我她读高中时的一个故事。他们班有一个男生非常优秀，人长得帅，篮球打得非常棒，学业也相当出色。琪心里一直暗暗地喜欢他。有一天，班上有两个与他们相熟的同学开他们的玩笑，说那个男生是不是喜欢琪，甚至激将说："谅他也不敢承认。"结果，没想到那个男生真的走到琪面前说："我喜欢你。"

琪当时说到这里的时候，盯着我的眼睛说："你知道吗，他真的就这么说出来了。"我能感觉到即使事隔多年，回想起当时的那一刻，她依然是意外的、雀跃的。但是，接下来琪却做了一个让自己无比懊恼的反应。当男生表白之后，琪面无表情地说了句"无聊"，然后拉起身边的女同学，说"我们走"。留下那个男生独自站在那里，琪就这样逃跑了。

这件事已经过去了二十多年，即使如今她早已为人妇、为人母，大女儿都快 16 岁了。除了深深的懊恼和愧疚，最困扰她的是这么多年，她都搞不明白当时自己怎么会有那样的反应。不仅伤害了别人，而且让自己悔恨不已。

其实，琪自认为奇怪的反应并不奇怪，那个反应只不过是那时低自我价值感的琪的一种自我保护而已。保护什么呢？保护自己的理想形象（社会人格）可以不被打破，同时阴影状态（阴影人格，是指被人们藏在阳光背后，不愿意拿出来见光的部分。通常是更本能、更野蛮生长，不愿被社会文化教条和养育者标准制约的人格）不被发现。

和那时的琪一样，几乎所有的青少年都是喜欢装酷的，这个酷就是在那个年龄段的社会人格。这个样子才会显得强大，才会更容易融入同龄人。而在酷酷的、反叛的社会人格之下隐藏的则是迷茫、混乱、无措、敏感……在那个男生表白的那一刻，琪的欢喜和慌乱同时被触发。她的潜意识很清楚，如果不快速用一个酷酷的背影斩断那一刻，她的阴影人格就要全面暴露在她喜欢的人面前了。她不愿意付出这个代价。

这种“心口不一”的双重信息是一种性格模式，是完全出于本能的。很多时候，头脑都没有意识到就自动运行了。所以，人们往往会懊恼自己当时为什么那么傻，为什么要做那样的事、说那样的话，但时过境迁还是会一遍又一遍地轮回同样的模式。

有些人非常聪明、理智，但却会在某些时刻表现得很冲动，做一些在他人眼中看上去很愚蠢的决定，其实就是基于这个原因。人们到底会为维护自己的理想形象付出多大的代价？德国作家本哈德·施林克写的小说《朗读者》讲述的就是这样一个故事。这部小说后来被改编成电影，凯特·温斯莱特凭借电影《朗读者》中汉娜这个角色获得了第 81 届奥斯卡最佳女主角。

“二战”时期，汉娜的工作是纳粹组织的一名守卫。在故事中，汉娜自始至终最介意的，不是无法正视自己纳粹的罪行，她一直想逃避的，一直无法面对的，是她不认字的事实。所以，她在面对升迁时选择了逃离，在军事法庭上为了掩饰自己不会签名，宁愿承担莫须有的罪名。为此，她宁愿被判终身监禁。

对大多数人而言，服刑远比承认自己不识字严重得多，但在汉娜心里，那是一个不可被触碰的脆弱层。她对不识字这件事介怀，甚至厌恶到极致，她无法想象自己以这样的身份面对这个世界。为了掩藏这个部分，她愿意付出巨大的代价。很多人一辈子束手束脚，不敢追寻自己想要的，不敢拒绝自己不想要的，都是为了所谓的“名声”。

这个所谓的“名声”也是社会人格。

汉娜担心如果别人知道了她不识字就会看低她，根本是她的内心深处并没有接纳自己的这个部分。她在内心深处是把自我价值感和认字这件事绑在了一起，所以她只有在假装自己识字的情况下才能在别人面前感觉有尊严、有自信。她会被有知识的男主角米夏所吸引，但她无法真正和米夏建立起长久的亲密关系。因为他们的关系是建立在伪装的基础之上的，无论那时他们的关系多么甜蜜、缠绵，汉娜都不可能获得真正的安全感。

她的内心会一直惴惴不安，害怕有一天自己极力掩藏的会暴露在米夏面前。所以，她才会在米夏对她的爱非常浓烈的时候突然不告而别。她承受不了米夏有一天知道真相有可能会抛弃她的可能性，所以在那个可能性发生之前先行离开，这样她就不用受伤了。

其实，这个底层动力的结构和前面琪的故事非常类似，只不过表现形式不同罢了。

所有评判的能量都是双向发挥作用的，只要我们保留评判，不管当下这个评判的对象是谁，这股力量就不仅会向外，也会向内消耗自己的力量。

如果只想活在社会人格里不接纳自己的阴影人格，就一定会表达混乱、矛盾的双重信息。不真实的时候是没有力量的，没有力量就没有影响力，只会不断地消耗关系中的信任。

戒除自己的“好人瘾”，真实地表达自己

评判金钱并不代表我们内在对金钱的需要和渴求就会消失。一方面极力想树立自己大方、洒脱、不在意钱的形象；另一方面，内在又会因为金钱的损失而不舒服，就会下意识地想隐藏或者否认这个部分。所有的自我隐藏和自我否认最直接的办法就是投射，当自己有金钱的清白感时，就会把“很计较钱”这个部分投射到伴侣身上，觉得是对方太计较、太在意了。当A指责B很计较钱时，A就自然站到了关系中道德的制高点上：

> 指责别人虚伪会显得自己真实；
> 指责别人愚蠢会显得自己聪明；
> 指责别人自私会显得自己无私；
> 指责别人小气会显得自己大方；
> ……

指责的动作一旦做出来（无论是在语言、行为上，还是仅仅

在心里腹诽），就成功地把我们不想自我面对的感觉丢到了对方身上。

如果能放下对“爱钱”的评判，大方、真实地承认自己是在意钱的，我们就有力量表达自己真实的需要，不会在伴侣面前呈现双重信息，更不会把自己不能接纳自己的部分投射在对方身上，让自己的伴侣成为那个“坏人”。

当一个人处在这种分裂的状态时，就会不断地传递双重信息。身边的人就会非常混乱，不知道该针对你的表层信息（我无所谓，我不在意钱）回应你，还是该针对你的底层信息（我很在意，我很生气）来回应你。而混乱会带来不安，不安的时间久了就会产生疑惑和挫败，自然会在关系中后退，两个人心的距离就产生了。

承诺指的是为关系负责，为自己在关系里的全部感受负责，包括自己对对方的感受。很多破坏性的冲突看似是一件事引发的，但是往往在这个冲突之前早就囤积了很多没有被清理的负面情绪。像这样的事情所引发的情绪太小，我们往往会忽视掉，但等到那些无法被忽视的、大的、如同潮水一般的情绪吞没自己时，我们才会看到，才试图转化，但是已经来不及了。

关系中有清晰的边界：自己人，支持者，引领者，旁观者，竞争者……关系的边界无论是在生活中、情感中，还是在工作中，都清清楚楚、明明白白。**爱憎分明永远好过恩怨纠缠。**所以，**要感激那些直接拒绝你的人，这样永远好过那些含混不清的人，让你产生希望，投入了生命中最宝贵的时间和注意力，最后却精疲**

力竭、无所适从。结束或尚未开始都是最好的结果，因为那都意味着有新的机会。最糟糕的是从来都不确定是否开始，也无法肯定是否结束，在这种茫然中慢慢消耗掉宝贵的生命。

所以，当你面对这种与你关系模糊的“好人”而无所适从时，请一定要对自己真实，哪怕做一次“坏人”，也一定要表达自己真实的想法。如果对方依然执着地要戴着这副“好人”的面具无法自拔，那么就请果断地远离他。

如果你自己有这种“好人瘾”，也请真实地表达自己。带着牺牲和委屈所维持的关系一定是危机四伏的，而关系中的另一个人永远都不会知道自己究竟该如何面对你。你表现出来的迷人的无私和真实的自私会让身边所有真正想亲近你的人感到混乱，然后是无力和崩溃。

其实，我们还有别的选择。真正**活得纯然而绽放的人，完全拥有来自内心的力量感，而不是依赖任何外物。**只有这样，你才能与对方建立你中有我，我中有你，彼此联结，又彼此独立，自由而又平等的亲密关系。

如果你爱我

请你爱我之前先爱你自己

爱我的同时也爱着你自己
你若不爱你自己
你便无法来爱我
这是爱的法则
因为
你不可能给出
你没有的东西
你的爱
只能经由你而流向我
若你是干涸的
我便不能被你滋养
若因滋养我而干涸你
本质上无法成立
因为
剥削你并不能让我得到滋养
把你碗里的饭倒进我的碗里
看着你拿着空碗去乞讨
并不能让我受到滋养
牺牲你自己来满足我的需要
那并不能让我幸福、快乐
那就像
你给我戴上王冠

却将它嵌进我的肉里
疼痛我的灵魂
宣称自我牺牲是伟大的
那是一个古老的谎言
你贬低自己
并不能使我高贵
我只能从你那里学到“我不值得”
自我牺牲里没有滋养
有的是期待、压力和负担
若我没有符合你的期望
我从你那里拿来的
便不再是营养
而是毒药
它制造了内疚、怨恨，甚至仇恨
我愿你的爱像阳光
我感受到温暖、自在、丰盛、喜悦
我在你的爱里滋养、成长
我从你那里学会无条件的给予
因为你让我知晓我的富足
与那爱的源头连接，永不枯竭
永远照耀
请爱你自己吧

在爱他人之前先爱自己
爱自己不是自私
牺牲自己并不是爱的表达方式
爱的源头就在那里
然而，除非你让自己成为管道
爱不能经由你而流向我
你若连接
爱会滋养你我双方
你若断开连接
爱便不能经由你而流向我
你的爱便不是真爱
而是自我牺牲
然而，那不是我想要的
爱自己，是生命的法则
除非爱自己
你不可能滋养到别人
我愿意看到充满爱和滋养的你
而不是自我牺牲的你
因为，我也爱你
我爱你
必先爱我自己
否则，我无法爱你

而你，亦当如此

生命的本质是生生不息的流动

生命如此

爱如此

请借此机会好好爱自己

——维琴尼亚·萨提亚

真实地做自己不会破坏关系，幼稚才会

非黑即白的沟通方式更像是诡辩

有位学员问我：“老师，我这人说话特别直，这样很破坏关系。为了和谐关系，我压抑自己去接纳，又觉得很难。到底要不要做真实的自己？”

人心智成熟的重要标志之一是超越二元对立的状态。二元对立的思考方式是一个无处不在的陷阱，这种思考方式会让人变得善于诡辩，让身边的人陷入深深的无力感中。更重要的是会自我蒙蔽，完全看不到自己的盲点。

这让我想起，小时候被妈妈狠狠地责备时，我很委屈而不服气地说：“你就不能态度好点儿跟我说吗？”

我妈会回一句：“难道还要我跪下来求你吗？”十几岁的我就会被噎得说不出话来。诡辩会让身边的人感觉很不对，但却抓不到一个显而易见的破绽可以辩驳。

作为导师，我常常会面对有这样思考模式的学员。比如，当我提醒很多做父母的人“学会接纳孩子，信任孩子”时，他们会说："哦，周梵老师，你的意思是不管他们了，对吧？"

苍天在上，我从来都没有这么说过。

这种用非黑即白来回应世界的方式是小孩子的方式，小孩子是真实的，同时也很容易让人感觉残酷。《奇迹男孩》里一出生就面部有缺陷的奥吉说："相对于面对成年人，我更害怕面对小孩子，因为他们见到我都会害怕，但小孩子不太会掩饰。"

只有小孩子才会直接对一个人说"你好老啊""你好丑""我讨厌你"，只有他们才会很喜欢问大人电视里出现的那个人是好人还是坏人。把事情分成两种是非常简单的，对心智要求不高，但要同时看到并接纳一个人身上的复杂性和多元性就要难得多了。遗憾的是，很多成年人虽然在生理上已经成熟，但在心智上并没有比他们五岁时有本质上的进步。

成熟跟年龄没有关系，和技能也没有关系。他们可能懂得高等微积分，或者拥有注册会计师执照，又或者精通五门外语，但在心智的另一个层面的发展可能是完全停滞的。即使我们的父母可能是高级工程师，或者大学老师，他们已经五六十岁了，你也依然可以看到他们身上幼稚的部分，而且通常这个部分也只有最亲密的人才能看得到。所以，他们没办法教给孩子成熟地回应世界的方式也不奇怪了。

二元对立的思维方式所带来的问题就是人们的生命就像钟摆一样，只能在两个极端跳来跳去：

要么压抑什么都不说，要么爆发，口不择言；

要么控制，要么放弃；

要么捆绑共生，要么隔离、疏远。

所以，在这些人的关系中，要么讨好别人，要么得罪别人，再也没有别的可能性了。如果实在还要加第三个选择，那么就是割裂自我，不再认同自己真实的需要，而不断去否认或淡化它。这更像是“伪佛系”状态，通过制造距离来消弭在亲近的关系里求不得所带来的挫败感。

成熟意味着看到另一个人的多元性与复杂性

我想说的是学会掌握第四种选择。

真实地做自己当然是说出内心真实的想法。思维和情绪是量子级别的存在形式，是物质世界无法感知到的，但语言则是思维和情绪在物质世界的表现形式。如果你一旦发现做真实的自己会得罪别人，那么就意味着在说话之前，你的思维和情绪本身就会有攻击性的能量。在这种前提之下，你要么必须说假话，违心地表达才能维护好和谐的关系；要么说真话，但会得罪别人，破坏你与他的关系。陷入尴尬的两难境地自然在所难免。

比如，你有位体形比较胖的女同事。有一天，她穿着一套贴身的连衣裙走到你面前，带着些许兴奋和期待问你："这是我刚买的，怎么样？"

你看着她穿出来的样子，无论是身形的曲线还是赘肉的曲线，都层层叠叠，尽显出来。遇到这种情况，大多数人会觉得很为难，要么真实地做自己，直话直说"你穿这样更显胖，不好看"，要么违心地说"还不错，挺好看的"。

然而，你还可以说："这件没有你上个星期穿的那件宝蓝色套装好看，那件比较凸显你利落的气质，而且很好地修饰了你的曲线。相比的话，我觉得你比较适合那种风格。"

你看，这样讲既说了实话，对方的感受又不会太差，而且你也真实地给出了你的建议。

这不是一个技巧问题，而是生命状态的问题。一旦把它看作是社交技巧，这种表达就会流于肤浅而僵硬。能真诚地说出这样话的人的内在一定是中正而多元化的，他不会轻易评判一个事物绝对的美丑、好坏、善恶……他能超越单一的价值观，而且对他人是充满善意、发自内心的尊重的。这种状态一定是贯穿于这个人的生命背景的，而不是为了说出得体的话而生硬地编凑出来的。如果平时内心就是刻薄而单一化地感受世界，遇事便想临时抱佛脚地表达善意或欣赏，那种好像在偷穿别人衣服的尴尬感就会出现。

所以，**重点不在于语言，而是能量。**如果"能量"这个词大家觉得太玄乎，那么我换一种表达方式好了，我们可以叫它"起心动念”。这就是为什么“慎独”如此重要。“慎独”最早出现在《大学》《中庸》：“莫见乎隐，莫显乎微，故君子慎其独也。”在没有人看见的情况下依然留意自己的行为，而这个行为不仅是可见的外显的层面，连内心的思想起心动念这个更精微层面的行为都有所警觉。

在我的公司里，团队的伙伴都知道，周梵要求大家不仅不能说别人的坏话，而且连想都不能想。这无关乎道德，而是为了守护好自己的能量状态，**所有起过的心念都是一股能量，都会留存在潜意识里。正向的念头会助人助己，负向的念头自然也会伤人伤己。**

世界就是自己的投射，如果真实地做自己、表达自己，就会得罪别人，这就透露出一个重要的信息：在某个层面，你和自己的关系是不好的。人格背景里那股尖锐的攻击性的能量一直都在，所以一旦放开社会人格的伪装而真实起来，这股能量就会喷涌出来，让别人感到不适。更重要的是，这股攻击性的能量在用语言表达出来伤害别人之前，它已经留存在你的意识中多年了。它如同缓释胶囊一样，不断地释放出否认、怀疑、责备、羞辱……这样的能量一直在伤害你自己。不然，你以为那些突如其来的愤怒或者突然袭来的无力感、无意义感是从哪里来的？

成熟的标志就是尊重不同的文化、不同的价值观，放下那些个人化的标准，平和地看这个世界的多样性，看一个人的复杂性。同时，不会因为看到一些负面的事情而惊慌失措，甚至大失所望，或者愤愤不平、心灰意冷，觉得世界辜负了自己的美好期望，而是借由这些线索看到自己的盲点，看到自己成长的方向。

当你进入一个更高的思考维度——这个维度可以覆盖不同的价值观。在高维世界，你获取的信息、能看到的美、体验到的丰富性将完全不同。

不要为了安抚自己或家人而找人结婚

骨子里的匮乏感往往承袭于原生家庭

父亲去世以后，我鼓励妈妈再找一个男朋友试着去交往，看其是否能成为合适的老伴，但是她总是有很多顾虑。

她单身了好长一段时间，一次我跟她聊这件事，她说："我这把年纪很难再找到合适的了，年龄合适的很少有单身的，还有……"总之，跟我分析了一大堆原因。

我说："不一定非要找比你大的呀，比你小的也可以啊。我的朋友，那个 ×× 的妈妈，就找了一个比她小七岁的男朋友。"

我妈立刻说："那只是少数，个例。"

孩子跟父母说："我想学画画，做艺术家。"

这时，很多父母会对自己的孩子说："这事儿很难做的，养不活自己的，还是踏实点儿，做些安稳的事儿吧。就算有人能做成，都是极其有天分的人，但那个人肯定不是你。"

这就是骨子里的匮乏感，简言之，他们深信：世界上不会有那么好的事情发生；就算发生了，也跟我无关，并且会很自然地把这种匮乏感投射在自己的孩子和其他与之关系亲密的人身上。

我们父母那代人，几乎人人都有很强的匮乏感，而且这种匮乏感绝不仅仅是在金钱方面，而且是在生命的很多领域都呈现了出来。

而匮乏感强的人，配得感必定会很弱。

配得感弱就很容易有各种纠结，因为内心深处渴望美好的东西，但又不敢真正去要、去争取，自我认同中不相信自己可以（值得）拥有好东西。

在我的《当你爱自己，全世界都会来爱你》这本书中，第一个故事的主角苏卉就是这样一个人。她因为内心的配得感不够而放弃最喜欢的人，退而求其次地找到一个次佳的，但会让自己安心的人结婚，过着不甘心又有各种纠结的生活。

匮乏感是最容易在无意识状态下从原生家庭承袭的。

这是我们的生活很难有突破的一个很重要的原因，父母留下的存款数量本身并不会影响30年后你的银行存款，但把你锁定在和你父母同一个生活层次的是你，你将毫无甄别地全面接收了他们的思维方式。

匮乏感很强的人有以下两种状态：

一种是阳刚性状态。这时，他们尽力占取更多。阳刚的一面呈现时，他们就防御被掠夺和主动掠夺。这些人的注意力永远都在外面，他们对自己能创造出新的资源和新的机会没有丝毫的信心（也没有兴趣）。

他们的注意力绝不会放在自己身上，不会让自己去成长、去创造，而是永远关心别人的一举一动，严防死守。仿佛别人只要多得到一分好处，那一分都是从他们身上剜下来的肉，所以他们也是被嫉妒心折磨得最多的一群人。

比如，匮乏感很强的父母，看到邻居家的女儿结婚了，心里就会不是滋味，觉得别人家女儿又把一个适龄的单身好男人的份额占了。自己家女儿还没有着落，现在机会又少了一点儿。如果看到自家孩子还一副不紧不慢的样子，就怒火攻心，觉得自己家孩子不如别人家孩子会争取！

当他们下次有机会跟自己家孩子见面或通电话时，自然会把自己的匮乏感和焦虑不容分说地表现过来：

“再不找人，好男人都被别人挑光了！”

“婚姻对一个人是很重要的！尤其是女人！”

另一种是有时他们的匮乏感以阴性状态呈现。这时，他们会尽力避免冲突、避免失望，会压抑和退让。比如，那些自己的婚姻不幸福，感觉伴侣让自己失望的人，当萌生想离婚的念头时，最先阻止的也是他们。此时，他们会说：

“算了，跟谁结婚都一样。”

"你离了，怎么知道不会遇到比这个更糟的？"

有多少人毫不质疑地接受了这些信念，并以为这就是世界的真相？

这种认为机会和资源是"稀少有限"的匮乏感是从我们的祖辈那里传承下来的，一代又一代，现在又传到了我们这代人身上。并且，还有很多家庭正继续往我们的下一代传递着。

这些信念并不是世界的真相，但对我们的父母来说，这确实是他们的真相。而当我们毫不质疑地接受这些想法时，这些就会变成我们世界的真理。

这些思维方式以及其所带来的对世界的感觉和自我感，会变成我们人格的基本背景。于是，我们会在此基础上思考、反应、表达、行动、做选择，好像我们有做选择的自由，或者表达和思考的自由。

但是，**只要你的人格背景被固定下来，其实你所有的选择就都只能在这个框架之内了。你以为你做了选择，但你的原生家庭对你的影响已经在不知不觉中形成了你的人格背景。**

其实，在你选择之前，已被固定的人格背景注定了。你只能给出这个选择，根本无法看到其他的可能性。

在我们古老的文化体系里，这个人格背景还有另一种说法——命，而匮乏感就是其中一个非常不为人觉察的背景。之所以叫背景，是因为它"弥漫"在你生命中所有的方面，就好像你戴上一副灰色的眼镜，而且你不知道你戴着它。

无论你往上看还是往下看，你所感知到的世界都在你不知觉的情况下被过滤、加工过了。于是，你自然会认定灰蒙蒙的世界就是这个世界的全部真相。

匮乏感分为以下三个层面，三位一体地全方面覆盖着我们的生命，即：

资源的匮乏

爱的匮乏

时间的匮乏

寻找优秀伴侣，是一种机会，更是一种可能性

那些对爱不停抓取，或者总是在急躁状态中的人，都跟爱和时间的匮乏有关。我就不在这里展开了，我们主要来谈谈资源的匮乏感。

资源包含显性的资源和隐性的资源，比如，金钱、能源（石油、煤矿等）、名贵的物品（珠宝、艺术品等）都是显性的资源，工作机会、人脉、曝光机会等是隐性的资源。

寻找优秀的伴侣，属于隐性资源的一种。这是一种机会，一种可能性。无论是显性资源还是隐性资源，一旦我们有了匮乏感，

就会形成一种错觉，认为资源是一种固定的、有限的存在：别人获得了，资源就会相应地减少了。

这时候，我们的聚焦点自然会放在争取资源上。但却不明白，事实上资源并不是一个常量，而是一个变量，这个变数取决于“自己”。我们虽然都生活在同一个地球上，但是每个人都活在不同的世界里，你的人格背景是怎样的，你就拥有怎样的世界。

你身边的人都是有那种相同属性的人，比如，同样的匮乏、同样的焦虑、同样的固执、同样的乏味，或者同样的自信、同样的丰盛感、同样的好玩。

从外在可观察到的人和人的差异可能是收入、圈子、爱好、健康状态、情绪状态、婚姻状况等的不同，但这些表层特质的差异之下运作的动力，都是人格背景的差异所造成的。

当一个人开始成长而不断重新洗刷自己过去的人格背景，所带来自身能量状态的变化时，他能感知到的世界是完全不同的。当然，他也能发现这时候身边的人完全不同了。所谓“道不同不相为谋”里的“道”，实质就是指不同的能量层级。

不管是夫妻还是朋友，会享受彼此在一起的前提，就是可以在同一个层面沟通和碰撞，彼此听得懂对方在说什么，并能给出回应。有碰撞、有火花，有启发、有共鸣，有分享、有回应，这才是建立一段关系的乐趣所在，否则对双方都是折磨。

比如在电视剧《我的前半生》里，我实在无法想象，现实中如唐晶这种极其重视自我成长和高效率的人，怎么可能花那么多时间去容忍罗子君在她开会期间、加班后回家休息期间，占用她的时间和注意力，听她抱怨？

而且，在工作中果断、干练，在自己的原则面前寸土不让、和上司据理力争的唐晶，又会没有一点儿边界地一次又一次地动用自己的工作资源，帮罗子君去调查小三的背景？！

就像霸道总裁爱上“玛丽苏”的情节一样，这些情节并不会出现在一个真正想讲好一个逻辑通畅的故事里，只可能出现在只想钻研那些逃避现实的观众想看什么，而用来讨好这些观众好赚收视率或票房的影视作品中。

如果你不想躲在虚拟的世界中幻想自我安慰，而是真正想在现实生活中突破原生家庭带给我们的匮乏感，打破原来的人格背景，那唯一能帮到你的只能是——进化！

进化需要依靠强大的学习力和冒险精神（也是行动力），不断学习，同时放下焦虑和担心，敢于去做一些在过去陈旧人格背景中不敢想、不敢做的事情，并用行动来加强和巩固新的意识状态。

当你进化到一个不同的能量等级时，你将会看到资源是无限的。因为当你所处的位置和视野改变时，你就能看到在过去视野以外的可能性，并把这种可能性不断地加强，直至变成你世界的现实。

就像毛毛虫和蝴蝶。在毛毛虫的层次，最好的配偶资源就是那些爬得最快的毛毛虫，毛毛虫可能会和其他的毛毛虫为那只爬得最快的毛毛虫而争得头破血流。

其实，**你根本不需要参与这场战争，你只需要专注地让自己进化成蝴蝶。当你飞上天空时，你才能看到原来漫山遍野飞舞的全是蝴蝶，只是这个景象是你做毛毛虫爬在树枝上时想都想不出来的。**

如果进化得够彻底，相较于过去的你和你的家族，你会成为一个和他们完全不同的全新的“物种”。

这时，他们的处事规则已经和你无关了，也完全不会影响到你了，因为毛毛虫的规则只适用于毛毛虫，不适用于蝴蝶。

如果你还会被你的原生家庭影响，因为他们的催促而引发你内在的焦虑或愧疚，其实只有一个原因：你没有进化，或者说进化得不够彻底。不要为了安抚他们的焦虑和恐惧而将就自己的生活，去开始一段乏味的婚姻或是一份无趣的工作。

这种对自己生活的委曲求全，是不会让你的家人幸福的，只会牵扯进来更多的人一起不幸，我们并不需要爱得这么悲壮。所以，你需要做的，是把他们的恐惧和限制性信念在你这里过滤掉，让你自己不断进化。

当你成为蝴蝶时，你吸引的自然也是蝴蝶，并开启绚烂的生活。更重要的是，在你蜕变的过程中，你将会对你的毛毛虫家族展示一种全新的可能性。由此，在他们准备好时，也将会追寻着你的足迹让自己蜕变。难道还有什么比这更有价值的爱吗？

用来控制别人的东西，都会反过来控制自己

弱小的人更会操纵

通过削弱自己的力量这一方式来得到爱，在生活中是非常常见的一种模式，而且不分男女。

我们习惯以高度的道德标准来要求人、评断人。当一个人实在不愿意再付出，想要理直气壮，而且可以反控制别人得到爱和关注时，他只有一个方法——生病。这基本上是最有效地获得爱、拒绝他人的正当理由了。

文清在一家国企单位工作将近十年了。在最初的那两年，她还充满热情，但慢慢地，这份热情就消磨得差不多了。

几年前，文清做过一次大手术，后来很长时间身体都不是太好，还时不时需要去医院复查，所以需要频频请假。而单位的领导、同事都知道她的情况，也算很照顾她。

即使有时文清是有别的事情，但只要她说是身体不适需要请假、需要休息，领导基本都是有求必应。而文清虽然对工作有颇多不满，但冲着这点儿“福利”，她也觉得还算能找到平衡，也

平稳地待了好几年。

有一次在课程中，文清跟我讲，不知从哪一天起，她突然意识到这份平衡被打破了。工作的单位让她越来越不开心，她觉得那个地方让她越来越压抑。

因为她通过不断地自我成长，开始更积极地调整情绪，并且开始健身和做瑜伽，身体状况越来越好，但她发现只要去上班，就必须维持“身体不好”的自我形象。她发现她不敢在同事面前中气十足地说话，甚至不敢爽朗地大笑，必须保持病恹恹的姿态。

她很担心一旦表现得健康起来，她再也不能像以前那样自由地请假了，或者同事们会怀疑她过去身体不好的样子根本就是一个谎言。这个“身体不好”曾经是文清的资源，是她在自己的工作环境换取时间资源的有效手段，然而现在这份特权变成了阻碍。

她在朋友或家人面前是健康、自信的，但只要一去单位就要表现出和现在的自己完全相反的样子。她说感觉自己现在真的装得好累，而且一旦进入那个病恹恹的状态，那种无精打采的感觉就越来越真实了。她感觉自己很分裂、纠结，并且因此非常抗拒工作。

我提醒她：“你为了得到那点儿特权所付出的代价太大了，那个代价是你付不起的。用病痛或弱小来控制别人，最后你会被病痛和弱小本身所控制，始终成为它们的代言人而永远都无法脱身。”

真正的臣服是勇敢地做回自我

接下来，我们来重点谈谈很常见的，通过削弱力量来控制他人的两种方式。

第一种：我痛苦了，你们都来陪啊

在很多人的内在意识中都有“如果亲近的人在受苦，我必须陪对方一起受苦”的认同。

这几乎是我们的集体意识。例如，父母去世，作为孩子不能立即婚嫁、不能歌舞，甚至不能笑或者流露出一丝喜悦之情。你如果表现出高兴的样子，你就是不孝，就会被谴责。

在过去，你早就把自己活得面目全非了，把真正的自己遗失了，活在一个为讨好主流文化而构建的虚假的面具人格中。

第二种：我这么痛苦，你还不爱我

痛苦是极有诱惑力的，很多人都会以讲自己的悲惨故事来获得爱。

一旦习惯了这个角色，你就会越来越习惯这个视角，甚至连你的身体机能都会被改变。隔一段时间，如果没点儿受害的情绪，身体就会不适应。所以，人们发现，很多人隔段时间就要整点儿事，情绪爆发得非常规律，频率很稳定。

从另外一个层面来说，因为身边有个看上去比你还痛苦的人出现，会极大地满足小我被需要的需求。

痛苦的人身上有某种特别的吸引力，这种吸引力只对有“拯救者情结”的人才奏效。面对带着悲情色彩的人，会让拯救者感到心疼和不舍，想要拯救对方的动力就会滋生出来。

有些人总陷在复杂的情感关系中，他们在某方面看起来是很好的人：负责任、上进、沉静、聪明……但在更隐秘的个人情感层面，却显得幼稚和混乱。他们总会有意无意地陷入各种情感纠葛里，同时和不同的人保持暧昧关系，甚至很多时候他们自己也觉得应付这些情感好累，但却停不下来。

需要提一下，虽然男性和女性散发性吸引力的方式可能会有其性别的偏好性（他们具体使用的方式可能不同，比如通过身体、语言或是一些不经意的小动作来散发性吸引力），但这类人是不分男女的，他们唯一的共同点是内心都有巨大的空洞，缺乏来自内心深处的自我确定感。他们安全感弱，自我价值感低，而把自我价值建立在他人对自己的迷恋上。

为了“填洞”，他们发展出较强的性吸引力，用现在的流行用语就是“撩”的能力。这样，他们就可以搜集到很多很多的爱，来填满自己内在的空洞，哪怕满足只是暂时的。他们无时无刻不在释放着诱惑的信号。

他们可能会说：

“这些话我只能对你说。”

“我只有跟你在一起的时候，才不会觉得孤独。”

“你是唯一让我觉得有安全感的人。”

这种表述可以极强地满足拯救者独特性的需要，会让拯救者滋生出一个极具蛊惑性的念头：我是那个对他意义不一样的人。

圣母（英雄）的角色还是很有吸引力的，为了证明“我是那个可以改变他的人”，一批又一批的拯救者前仆后继，成为这些情感游戏中的殉道者。

判断这些表达是真的情到深处的告白，还是某种巧妙的诱惑，其实有个很直接的方式——去信任自己的感觉。如果是前者，你就会感觉到对方想靠近你。当你真的靠近时，他是在那里的，他会给你回应和扎实的感觉。如果是后者，你就会感觉到对方总有一种在又不在的感觉。他似乎希望你靠近，当你真的靠近时，他又会突然闪开。当你真的失望地准备放下时，他又会突然冒出来给你希望。跟这样的人在一起，你不会有踏实的感觉，你会一直处在被吊在半空中，上也上不去，下又下不来的尴尬境地。

这也是受害者角色这么有市场的原因，有拯救者就有受害者，有人买账，还愁玩不下去？

再回到文清的故事。

我们沟通过后，她意识到她不想付出这样的代价。从那之后，文清再也不留恋过去拥有“特权”的日子了。她告诉领导，她现在身体已经完全恢复了，谢谢过去领导和同事们过去对她的照顾和支持，以后不用再特殊照顾她了。

她终于可以在同事面前表现得容光焕发和精力充沛了，也愿意承担更多责任。同时，她也更加投入和带着热情去完成自己的工作了。

控制别人这件事有点儿像赌博，都是带着投机心理期待短期见效以小博大的事情。一旦尝到点儿甜头，就会越玩越大，直至赔上身家性命。

文清能及时收手，而且是去勇敢地面对自己一直以来所逃避的功课。可是，很多人却在这条路上一去不回头。

就像那些在家庭中脾气暴躁的人，他们并不是天生这样的，只是某一次他发现通过发脾气或者暴力方式达到了效果，就迷恋这种轻松拿到成果的感觉了。

就像那些第一次对孩子发脾气的父母，他们发现狠狠发完脾气之后，孩子真的会变乖，所以以后每次都会用这招。每次体验到失控感就发脾气，让什么沟通、接纳、自我成长都见鬼去吧。可是，慢慢地就会发现，每一次效果的有效期越来越短，直至完全无效的那一天。

当一个人意识到这个方式好像有问题，想控制住自己的脾气时，他已经很难做到了。发现除了发脾气，他什么也不会做，这种方法成为他唯一的方法，而且成为一种自动化反应。此时，这个人就彻底被自己的脾气所控制了，虽然最初他只是想利用这个愤怒的情绪来控制别人。

所有的控制都是基于担心，这是一种恐惧的能量。带着这种弥漫的恐惧感，就永远都无法看到自己内在所蕴含的无限力量。他们没有意识到自己才是命运的创造者，而总认为自己只是命运无辜的承受者。

人们总试图通过控制来对抗命运，然而他们不知道，正是他们控制的这个动作促成了那个他们一直在逃避的命运。

◇怕孩子以后不够优秀而不断鞭策孩子，逼迫孩子去上各种培训班的父母；

◇为确保伴侣忠诚，各种“追魂夺命 CALL”，需要随时了解对方的动态，或者经济上各种管控；

◇为了怕合作伙伴以后玩猫腻，提前进行各种限制、各种条款约束。

正是这些控制的动作促成了孩子厌学、缺乏自信，伴侣想要逃离而出轨，合作伙伴感到心寒，于是在更好的条件来临时毅然离去。

观察本身就是参与创造的一股力量，你对未来的假设或倾向也是你的观察视角。例如，如果你对未来充满焦虑感，那么焦虑本身也是一种观察。当然，我们也可以把它称为“推测”，或者假设。假设和推测是一种倾向性，这种倾向代表了一种立场，其实也是一种观察的视角。如果你对未来长时间带着这种“焦虑”的观察视角，那么你就必然会创造出符合这种视角的未来。

当事情的发展没有符合你的预期时，试着放下控制，臣服于当下。所谓“臣服”，不是消极的态度，不是懦弱和委曲求全，而是放开个人的好恶。个人的视角受到养育者和当前社会文化的制约，往往有极强的局限性，而这局限性却不被当事人所觉知。不再轻易地认定这事的好坏、对错，而是让生命做主。

拥有传奇人生的亿万富翁，同时也是灵修者的麦克·辛格在《臣服实验》这本书里写道：

> 真正的臣服是勇敢地放开自我，全然拥抱当下的变化。然后，我们会看见生命所安排好的、种种出乎意料的惊喜。

事实上，臣服比控制要难很多。有时候，我看着我们家两个孩子起了冲突，我知道小的那个多半要挨打了，但是还是要忍住想冲上去帮忙的冲动，允许事情自然发生。看着姐姐一巴掌打过去，我所做的只是去安抚妹妹，并且接纳姐姐。

我知道这一刻的发生是有必要的。妹妹需要学习什么是边界，跨越了他人的边界会如何，而姐姐也需要面对自己愤怒冲动下的懊恼感。而她们也会通过从冲突到和好的这个过程，增强很多重要的人际相处的能力。

事情自然发生对她们的价值远远大过我强加干预、避免冲突所带来的那一丁点儿好处。事实上，越有力量，接纳和臣服的范围就会越大。反之，任何事情都需要干预和控制。

麦克·辛格还在他的书里谈道：“我们都抗拒改变。即使命运之手已经在敲你的房门，制造一些机会让你做出改变（也就是成长）了，你也可能抗拒它，未能将自己的生命活到淋漓尽致的地步。”

学会改变自己的模式，放下控制，学习信任和臣服。给身边的人自由，你才会获得真正的自由。而只有在自由的前提下，你的无限潜能才有可能被发展。迎接目前生命中所发生的事情，无论它看起来怎样，都直面迎接它、接纳它。

最后，把麦克·辛格的一句话送给大家：

多年来，我一直在努力摆脱内在那个始终坚持事情都要按照自己想要的模样呈现的软弱之人。

不要让自己成为过度付出者
或过度索取者

用力爱，是为了填补自爱力的匮乏

梓琳的男朋友魏松最初追她的时候，真的对她非常好，各种大大小小的贴心暖举。

每天到家里来接送她去上班，其实她家到公司的距离并不远，反倒是男朋友这样接送，每天来回差不多需要花上近三四个小时，甚至梓琳都说不用这样了，对方却仍然坚持。这样过了几个月，她被感动了，然后他们就在一起了。

但是，当他们在一起之后，这个男人却和之前不一样了。而且，梓琳发现他有非常强的控制欲，而且非常喜欢翻旧账。魏松总是问梓琳："你和你的前男友真的没有联系了吗？你真的一点儿都不想他了？你怎么总在加班？你是不是嫌我烦？"

因为这样的原因，他们隔三岔五地吵架，而吵架的原因也没有太多的新意。就这样分分合合纠葛了好几年，旁边的人看他们谈恋爱都累。其实，会"作"的绝不仅仅是女人，男人也一样。"作"绝对不是女人的专利，而是没有安全感、低自我价值感的人的专利。

梓琳在跟我抱怨她男友的各种“作”时，我问她：“当初，你会跟他在一起不正是因为他的世界里只有你，你是最重要的，甚至比他自己还重要。他给了你足够的重要感和安全感，这不正是你需要的吗？

“如果你真的遇到一个可以把自己的生活安排得丰富多彩的人，他的世界里有很多重要、好玩的东西，你在很好，你不在也没关系，这样的人当然不会控制你，不会让你感觉到有压力。这样独立的人，即使很有魅力，你也真的愿意跟这样的人在一起吗？或者说，你跟这样的人在一起会安心吗？你会有信心吗？”

梓琳老实回答：“不会。我会担心对方不需要我。在这样的恋情里，我会不安，觉得 hold 不住。”

梓琳虽然看上去漂亮、能干，但实际上她的自我价值感并不高。一个人爱自己的程度和他所拥有的东西（容貌、职业、收入和学历等）其实没什么关系。在情感方面，这样的人就特别需要一个用力爱自己的人来填补这种自爱力的匮乏。

所以，他们需要被感动。为了得到确信感，他们会需要很多很多证据。顺理成章地就很容易会吸引一个在关系里过度用力的人。在关系的早期，他们所表现出来的是事无巨细统统围着你转，甚至不惜丢下自己的生活，而把你当作自己生活的全部。那些还想经营自己生活的人是承受不住这种期待压力的，他们会选择离开，只有把自己丢失的人才会留下。

于是，他们很容易吸引另一类人——过度付出者。

这种不计成本的付出往往并不是他们已经强大到真的可以完全不在乎了，而是在用这种付出去抓取爱和安全感。所以，只要梓琳的内心状态没有改变，只要她依然还有低自我价值感，她就必然会吸引和她一样能量频率的人。只不过，表现出来的具体行为不同而已。

魏松之前吸引梓琳的正是他不计成本的付出。魏松的低自我价值感让他在关系里变得卑微，所以才不断自我压缩，停不下来地过度付出。只有这样，他才会感觉到自己是有用的、是有价值的、是被需要的。

这样的人自然不会也不敢表达自己真实的需要和感受，没有力量跟对方沟通，明确自己的边界。

于是就这样付出着、牺牲着、隐忍着、压抑着，要么来到一个临界点，他们终于受够了。以某种戏剧性的方式毫无征兆地突然把所有的爱全部收回，以极其决绝的方式表达自己的愤怒和决心。然后，关系中的角色就掉转过来，压迫者变成被压迫者，奴隶变成了奴隶主。或者像魏松这样，开始变得敏感、惶恐，不断地控制、试探，试图拿回更多的掌控感。

亲密关系的这个阶段是成长必须经历的。对方突然收回所有的爱，这对身边那个已经习惯“被付出”的人来说，是一个很大的冲击。对方突然收回所有的关爱了，这个人要突然从依赖的接受者变得独立起来。

对于梓琳和魏松这种恋爱模式，梓琳需要学习的是更多地尊重和接纳，减少平时对魏松的责备，放下自己的优越感，不再执着于自己必须处于优势地位的关系格局。只有这样，魏松才会真的感受到安全、放松。

不过，这是一个让双方都更好地在给予爱和接受爱之间学习平衡的过程，两个人角色的掉转也是有必要的。**有时候，我们确实需要在两极都体验一下，才能回到中间的中正和平衡。**

成熟的爱没那么戏剧化

人们要学会的是成熟而智慧的爱。成熟的爱没那么戏剧化，是尊重，是给彼此空间，是彼此独立又相互支持。他们绝对不会过度付出，让自己在关系里透支，会温柔而坚定地表达自己的界限，同时也会在对方真正需要的时候适时地给出对方支持。

当然，并不是所有人都有智慧让伤痛变成养料供自己成长。当过度付出者“受伤”之后，会转向另一极变成过度封闭者，但却因为缺乏有深度的自省能力，而固化在这一极的位置上。

很多人在情感关系中体验到受伤的感觉之后，他们就彻底在爱情这个领域收回希望了（不是不想要，而是害怕了）。于是，他们关闭自己的内心，对自己说："还是努力工作吧，只有工作不会辜负你，你付出多少就会有多少回报。"

听上去似乎很有道理，对吧？但是，他们忘记了很重要的一件事：工作中也有人，也要建立关系。当这些人真的让自己一头扎进工作中时，他们会把原来的模式原封不动地带进工作场景中去，因为自己的信念系统没有变，性格模式没变，他们所创造出来的关系模式就不会改变。只不过是换个对象、换个场景，但底层的故事结构仍旧是一样的。无论他们的个人能力有多出色，他们还是会再一次体验到在工作中被辜负、受伤、不被理解或是被放弃的感觉。

当相同感受的故事一次又一次发生时，最蒙昧的观点是看不到自己生命中这些事件彼此的关联的，而只是完全对外归因。比如，命不好，运气不好，这个社会太黑暗了，或者就是不能对他们太好了，太好了会吃亏。

这种加强黑暗的信念，以掩盖自己的错误来彰显自己的无辜。我所有不好的结果都只是因为我"人太好""我用情太深""我为人太耿直了""我太傻、太天真了"。或者完全否认整个群体的方式来消解内在的无力感：

"男人没一个好东西。"

"女人都喜欢犯贱，对她们越好越不要，就喜欢坏男人。"

“男人靠得住，猪都能上树。”

“女人都很现实，只爱钱。”

这种把整个群体都否认的认知是爱情挫败之后很常见的反应，因为如果要承认“并不是所有女人都这样，只是我碰到了”，那么就意味着只要继续寻找就有遇到良人的可能性。但是，因为这在本质上是自己的性格模式的问题，所以总是在关系中感到无力和疲惫。如果给自己太多希望，又没有力量去尝试，会让自己有更大的挫败感，而小我的本能就是逃离挫败感，自然就会用这种归因方式了。

这种归因方式是最容易导致“爱无能”的，因为他们并不想去学习成长而以此改变自己。更有智慧的观察方式是意识到任何事都不会是偶然发生的，都是有因果联系的。他们能找到事情之间的联系，看到第一件事是如何影响第二件事，第二件事又是如何影响第三件事的。能看到这些关联的人，会更有机会看到自身的局限而开始改变。

不过，这种观点终归是线性的、机械性的观察方式，依然是二元对立的。认为有一个“我”和一个完全独立于“我”的外部世界，我能做的是尽可能做好我能做的那部分，但更大的范畴我是影响不了的，依然会有无力感。

更终极的真相是意识到在影响你生命中一件又一件事情的，其实只有唯一的作用力，那个作用力就是你。

每件事都有你在场，你都在把你内在的意识背景投射在你的外部事件中，影响它们运作的轨迹。你自己的意识框架如果没有发生改变，外部的事件就不会有本质上的变化。

不单盲目承诺，更要有实际行动

很多人对一个人“说到做不到”往往会表现出极大的愤慨，好像这是一个巨大的原则问题、人品问题。关于承诺这件事，随着一个人不同的成长、变化，能给出的承诺的品质都是不同的。

给出承诺者和接受承诺者这两者本身也是息息相关的。一个人能给出的承诺在什么阶段，其实也透露出接受承诺的对象在哪个阶段。

接下来，我来简单讲讲每个人在不同阶段能给出承诺的品质。

第一阶段——冲动承诺

这个阶段是前理性的，他们的心智尚未成熟，没有太多人生经验。

一个第一次恋爱的 20 岁男孩对女孩说“我会一辈子都对你好的”，本质上和我 4 岁的女儿说“我保证就只吃这一次冰激凌，以后再也不吃了”是一样的。他们都在承诺根本做不到的事情。

他们搞不清楚状况，对接下来履行承诺要面对的困难预估不足，甚至在那一刻压根儿就没想过这个承诺意味着什么。当然，即使想，在他们现有的意识框架中也想不出什么，对事情的评估非常不足，也完全不了解自己的能力范畴。这时，他们还处在“我不知道，我什么都不知道”的状态。

所以，处于这个阶段的人会不知死活地、冲动地做出各种各样美好的承诺：

“为了你，我一定会把烟戒掉。”

“只要你这边款能到位，三个月，我保证可以把这个项目做成型。”

“我一定会跟她离婚的。”

“我永远都不会对你发脾气的。”

“我以后都听你的。”

如果听这种话的人心性成熟、内心中正，自然看得清对方处在怎样的状态，以及对方说出这些话的深层动机。假如被承诺的人内在没有攀附心，可以很自然地做到只是听听而已，不会把这些话当真。

但是，如果被承诺的人是另一种状态，比如一个恰好对爱有极强的匮乏感、没有安全感的人，这时如果爱人给出承诺，那他们就会丧失所有的智商和分辨力，像溺水的人抓到木头一样，死死抱住，绝不撒手。

就像是我的女儿跟我说“我保证就买这一次，以后再也不买了”，我会告诉她：“不要做这种保证，你做不到的。而且，即使你不保证，我也会给你买的。”而不是借这句保证来掌控孩子：“这是你自己说的啊，你要说到做到！”如果接下来孩子忘记了之前的承诺，你就会气急败坏地对一个几岁的孩子说：“你不是保证过了吗？你怎么说话不算数呢？”

什么样的人会把处于热恋期的对方说的“我以后什么都听你的”当真呢？当然是和说这种话一样幼稚的人。同样，把一个三四岁的孩子的保证当真的成年人，其心智水平其实和那个孩子相差不远。

第二阶段——拒绝承诺

如果说上个阶段的人是不知死活的话，那么发展到这个阶段的人已经试过深浅，得到些盲目承诺的教训了。他们看到自己能力的不足，似乎怎么努力都完成不了最初的承诺，带着强烈的挫败感和自我怀疑。

这时的他们害怕让别人失望，更害怕让自己失望。“再也不相信爱了”“现在要的不多，找个人过日子就行”“现在已经爱不动了”……

那些在亲密关系里了无生气、瞻前顾后的人都在这个阶段。虽然相比上个阶段的激情、活力，这时他们算是认了。

他们看到了太多的世事无常，年轻的时候对生活的态度是不惜力的，做任何事情常常都用力过猛，然而这种使出全力之后依然体验到的失控感才是最让人挫败的。他们已经受够了让别人失望，更受够了让自己失望。

而不失望最安全的策略就是不给出希望，也包括不给自己希望。他们不再盲目崇拜自己的力量，而开始对未来的不确定性心生敬畏。不过，显然畏的成分要远远大于敬：尊敬会带来动力，会让人向往并与之学习，就如同对自己心中的榜样一般，去靠近、去探索，甚至去超越，而畏惧带来的反应则只是退避三舍。

他们会在这种过分谨慎的状态中持续地收缩自己，这种收缩会往两个极端发展——玩世不恭或暮气沉沉。

第一种看上去是放纵，但实际上是用物质或者感官的快感来抵御没有希望或信仰所带来的虚无感。

第二种是活得小心翼翼，按部就班，不敢越雷池一步，成为实用主义者。最大的副作用就是全身上下会散发着无趣、乏味的腐朽味道，更糟糕的则是对世俗力量太过虔诚。这会带来对自我力量的轻视，对自己的创造力没有信心，变得患得患失、斤斤计较。

而且，通常这两种极端特质会发生在同一个人身上。他们变得习惯妥协、油滑、麻木且善于自我找平。

相比上个阶段的冲动和盲目，发展到这个阶段可以说是一种成长，是一种对回应世界态度的新的探索。从一极到另一极的尝试很重要，但同时在任何两极里是不可能有答案的，寻找答案需要经历这个过程，最后再整合并超越这两极。

很可惜的是，很多人没有继续成长，而是停留在了这个状态。

第三阶段——理智承诺

上个阶段的死气沉沉，来到这个阶段，过去经验带来的不仅是教训，我们还找回了力量，所以有激情和勇气往关系里深入更多。

而且，和最初的冲动、无知不同，这时，我们对自己有更清晰的认知，可以做到有所为、有所不为，也不会为了讨好他人，或者获得某些短期利益而去冲动地许诺些什么。

处于这个阶段的人不会轻易被诱惑，也不会用美好的承诺诱惑别人。看清楚了人性，看清楚了他人和自己，还能继续前进来到这个阶段的人，会谨慎地评估自己和情景，给出适当的承诺。

处于这个阶段的人会让人感觉很可靠、踏实，也有一定的行动力，但如果不继续成长和自我扩张，有可能变得有些僵化和安于现状。

第四阶段——超越承诺

只有极少数的人可以来到这里。

他们不在任何关系里或者事物上有很强的功利心，允许事情往任何方向发展，所以不需要去决定、承诺什么，但同时又保持强大的行动力。他们如同水一般顺遂臣服，舒展地流动。他们依然对世界充满热情，而且愿意通过不断的成长和学习发展自己的力量。

他们不会不知深浅地盲目承诺，也不会局限于“信守承诺”，惴惴不安地不敢轻易做出承诺，他们敢于大刀阔斧地去行动，在行动的过程中去触碰自己的边界，不断扩展自己。

在《行动瑜伽》这本书中有这样一段话，很好地描述了这样的状态：

> 他既能在最为寂静和孤独中发现最为强烈的行动，也能够在最为强烈的行动中发现沙漠般的寂静和孤独。他已经掌握了克制的秘密，已经控制住了自己。他可以穿行于现代都市交通繁忙的街道，而其心灵平静如同他隐居于洞穴，没有任何声响可以触及那里。而同时，他在任何时候都处于强烈的行动之中。

把注意力收回到自己身上，力量也就回来了

根本没有别人，你都是自己跟自己玩

常有人问我："我总是犹豫不决，不仅在亲密关系上，在工作方面也是。既没有力量改变，又没有力量离开。我知道是我力量不够。周梵老师，怎么才能获得更多的力量？"

其实，这个问题问错了方向，当你在问你如何获得力量的时候，其实是假设没有力量是自己的本来状态，然而这不是真相。事实上，每个人都是"自带粮草"和地图的，你需要问的是："我是如何让自己丧失力量的？"

就好像有人会问："有些事情我就是放不下，我该如何放下？"

更本质的问题是："你是如何让自己一直拿起来不放下的？"

一位客户在咨询时抱怨她的老公不给她微信朋友圈里发的动态点赞这件事，翻来覆去足足讲了将近十分钟：

他给所有人点赞，而且有些内容那么无聊、那么低级趣味，他都去赞一个，为什么唯独不给我点赞。他还

是不是我老公啊……

类似的抱怨我听到的还挺多，在意的是有没有人在自己的朋友圈点赞，对很多人来说真的是挺重要的一件事。

当然，被“赞”，不仅仅只是朋友圈那小小的爱心标志后面的数字多一点儿那么简单。这只是一种被关注、被肯定的可以被量化的表达方式而已，重要的是渴望被关注、被肯定的感觉。

可是，人们却很少去思考，为什么我这么需要被别人关注和认可呢？

当自我价值感不够高、对自己的价值不确定时，对自己的关注就会变少，或者说正向关注很少。因为自我怀疑，自我攻击也是一种关注，但那不是正向的。**正向关注是可以为自己带来力量和爱的，如自我肯定、自我接纳。**当我们不习惯、不愿意，或者没有能力给自己正向关注时，自然就渴望从别人那里得到确定感了。

四年前，我和我妈妈的关系还有些紧张，远没有像现在这般轻松、融洽。

有一天，我带着小女儿去我妈妈家吃饭。那天，我戴了一枚银戒指，做工精致，造型别致。一岁多的小女儿看到了，表现得很感兴趣，我就取下来给她玩。过了一会儿，我们去吃饭，我就忘记这件事了。

吃完饭，我们坐在客厅准备休息一下就回去。妈妈在扫地，扫到沙发下面的时候，从里面扫出了我的那枚戒指。妈妈问："这是你的吧，怎么掉这儿了？你怎么总这么没收捡？"

我说："哦，是我的。刚才当当想玩，我就取下来给她玩，应该是她玩的时候掉下去的。"

我妈说："你怎么什么都给她玩，这戒指看上去也不便宜吧？"

我接连被呛了几次，心里已经不太舒服了。早已失去了觉察，那一刻新仇旧怨一起涌上来，我就冷冷地回了一句："有什么东西比我的女儿更重要呢？"

事实上，这是一句攻击性很强的话，而且更可恨的是，这还是那种隐蔽的攻击，骂人不带脏字却信息量极大（有知识的人坏起来更讨厌）。这句话在表达：

◇我在意我的孩子多过在意这些物质的东西；

◇我是一个真正懂得爱孩子的母亲；

◇你不是，因为你不是这样对我的。

它重重地戳中了我妈妈的痛点，激怒了她，她开始反击："哦，都像你这样惯着孩子，她要天上的星星，你也摘给她是吧！别人都应该像你这样惯着孩子是吧？……"

我无心恋战，应付了几句就带着女儿离开了。

一出门，我的觉察就回来了。我意识到刚刚发生的事情，是我在和我的妈妈竞争，竞争谁是一个更好的妈妈。我意识到我的优越感，事实上，在心里我认为我是更好的那个。当然，在某个层面上，由于时代的原因，我比她有更多的资源和机会去学习和成长，所以我或许比我妈妈了解更多心理学知识和亲子知识，也能更好地觉知和管理自己的情绪。但是，为什么我却无法掩饰地希望我妈妈知道这一点，并无意识地在证明这件事呢？为什么要让她知道我是更好的那个如此重要呢？

当我在问一系列这样的问题时，答案就冒出来了：因为在内心深处，我渴望被我妈妈像我对待我的女儿那样对待，被无条件地爱、被认可、被接纳、被肯定。因为那时的我依旧相信我需要从别人那里得到爱，而我自己没有能力给自己爱。

而之前，我一直认为我和妈妈关系紧张是因为她常常指责我、否定我造成的。而我从未意识到，正是因为我关注她怎么看我比关注她要多。为了得到这些，我的自我证明所带来的优越感对她造成了很多被否认、被攻击的感觉。而我完全没有意识到这些，因为我只忙着找她索取我要的东西——被接纳、被认可，自然就给不出她需要的接纳和认可，因为当我们在意别人怎么看我们比在意别人多时，我们是不可能真正懂得爱和欣赏的。

当你在意的人确认你足够好，你才能确认自己足够好。那种相信我很好，而带来的安全感以及快乐、圆满的感觉才会重新回来。然而，无数人相信这种感觉一定要依赖别人才能得到。

我想起我带的一个讲师。前不久，她要进行一场几百人的公开讲座。她之前从未做过这么多人的讲座，所以前几天她非常焦虑和紧张。她来见我时谈起这件事，告诉我：“周老师，我现在真的感觉有点儿虚，很不自信。”我问她：“那发生什么你才会变得有自信呢？”她说：“如果现在有一个很权威、很厉害的人，比如说马云那样的人跟我说‘你肯定没问题，你一定行的’，那我就会马上感到自己非常有力量了。”

我当时就笑了，我随手拿起沙发上的一个抱枕，说：“这个抱枕就是你的力量，这份力量本就一直属于你，但是你看不到它，甚至不相信它的存在。然后，你把这份力量投射到某个你认为很牛的人身上，就相当于你把你的力量送给了对方。”我把抱枕递过去让她抱着。对方说：“我相信你，你很棒！你就高兴了，开心了。”

我又从她手上接过那个代表力量的抱枕，假装她夸张地表演出兴奋、开心的样子，然后紧紧地抱着抱枕说：“嗯，我听到你说‘我很棒。现在，我有力量、有信心了’！”我问她，“事实上，在对方说出这句话肯定你的时候，什么也没改变，什么也没发生，对方也没有为你做任何实质性的事情，你突然就有力量了？

“你有没有想过，这份力量到底来自哪里呢？只是因为你内在的感觉变了。你的感觉是如何改变的呢？真的和对方对你的肯定有关吗？

“其实是你自己决定相信对方的话，来转变内在的感觉。而你也可以决定不相信对方的话，那个自信感也不会出现。可是，既然你可以决定通过相信对方的话来转变自己的感觉，那就意味着这是你可以自己决定的，和别人根本就没关系。

“你意识到在这当中你是怎么玩这个‘假装我需要别人认可才有信心’的游戏了吗？

“根本就没有别人，前前后后都是你自己在跟自己玩。”

被爱的感觉是自己给的

很多人控诉自己身边的人：“为什么我为他做了那么多，他却对我一点儿都不好？”“为什么我爱他这么多，他爱我却这么少？”事实上，这跟对方没有一点儿关系。每个人都是自由、有力量的，可以选择去做自己想做的，也可以拒绝自己不想做的。他们之所以这么痛苦，是因为他们所做的那些并不是喜悦的、享受的、纯粹的。他们在做的过程中有很多的疲惫和委屈，因为他们害怕，觉得“如果我不那样做，他就会不喜欢我了，就会离开我了”。于是，在这样的信念中，就不断压抑、忽略自己的这些感觉，无法让自己停下来，或者拒绝。因为他们在意自己在别人眼中的形象比在意自己多，在意别人怎么看自己比在意别人多。

他们做的“那么多”从来都不是真正为对方而做，而是为了自己在对方眼中的形象而做。他们想通过讨好别人、取悦别人来换取对方的爱。

可是，当我们为了得到别人的喜欢，而一直假装，把自己塑造成有礼貌、乐于助人、处事得体、善解人意、优秀、大度等这些美好形象时，就算真的人们说爱你了，你也根本无法相信，因为你知道他们爱的只是你的面具。他们爱的只是你假装出来的那个人，而那个人根本就不存在。所以，即使你努力“表演”得来了很多“赞”，你也根本享受不了它。即使你得到了一些，也很快就会失去。

而在寻求他人爱的过程中，你就失去了真实的自己。当一个人对自己没有爱、没有信任时，自然就希望从别人那里得到，可是悖论却是一个连自己都不会爱的人，也不可能给别人爱。你给的可能是讨好、是牺牲、是委曲求全、是伪装……唯独给的不是爱。你给出去的不是爱，你也不可能得到真正的爱。

而最终能给出的爱，都源自我们自己。当我们努力想要得到我们早已获得的爱时，我们就给自己制造了一个牢笼。

在很多年前，我看过一本半自传的书，作者是一位法国的作家和身心灵导师。其中有一个关于她亲身经历的故事，给我留下了深刻的印象。直到现在，虽然那本书的书名和作家的名字我都忘记了，但那个故事却依然记忆深刻。

她是一个非常有才情的女人，有一年，她认识了一个同样才华横溢的男人。后来，他们相爱了。她从未体验到这么浓郁的爱，她全身心地爱着那个男人，同时也感受到那个男人对她毫无保留的爱。在他们相爱的那三年，她的整个世界有了非同一般的意义。

遇见这样一个男人，她感觉她的生命是从和这个男人相遇之后才真正开始的。她觉得自己是世界上最幸运的女人。

直到有一天，这一切都戛然而止了。那是非常平常的一天，她在家打扫卫生，这次她想做得比平常更彻底一些。她清理了很多平时忽略的角落，然后她突然发现一个从没有注意过的小暗箱，还有一把小小的密码锁。

她尝试了几次，竟然把箱子打开了。结果，她发现里面有很多信件。这些信件的内容是那个与她相爱的男人和另外一个女人的交往过程。她无比惊讶地发现，这个男人在和她交往的过程中竟然同时还在和另一个女人交往，而且他对对方的表白和赞美，所使用的词句，都是曾经对她说过的。

可以想象，在那一刻，她的世界崩溃了。

她感觉过去这几年自己的幸福生活简直就像一个笑话，这个男人从未真正全心全意爱过她，她过去一直都生活在一个谎言中。她痛苦到了极点，她离开了那个家。不知道要去哪里，她在外面飘荡了几天，最后决定自杀。

她来到海边，慢慢走向大海深处。当海水没过她的双腿时，也许是冰凉海水的刺激，也许是内在某种神秘力量的苏醒，她内心深处突然闪出一个问题：

如果这三年这个男人从未爱过你，那么你感觉到的爱是真的吗？

这真的是一个非常非常有智慧的问题。她听到了这个声音，停了下来。然后，答案出现了，她只能诚实地回答，那种幸福的、被爱的感觉是真实的，无法否认。也正是因为那份感觉太美好了，当它失去时才令人无法接受。

紧接着，这个声音问出了另一个终极智慧的问题：

> 如果那个男人从未真正爱过你，那你感受到的爱究竟是从哪里来的呢？

她一个人呆呆地站在海水中，思考这个问题，寻找答案。最后，她没有别的答案，唯一的答案就是——这爱的感觉是自己给的。

就在答案出现的那一刻，她意识到所有的感觉都是自己创造出来的。无论是之前被爱的感觉，还是之后被伤害的感觉，或者是现在这份超越被爱和被伤害的感觉，统统都是自己创造的。于是，这个女人就在这一刻，觉醒了。

后来，她成为非常知名的身心灵导师和作家，帮助了很多在亲密关系中受苦的男人和女人。

就像之前那个一直不相信自己的讲师，她认为她所需要的力量是从别人对她的鼓励和认可那里得到的。然而从头至尾，那种没力量的感觉是自己创造出来的，最后那种有力量感一样也是自己创造出来的。

就跟那个法国女作家的故事一样，被爱的感觉、受伤的感觉到最后彻底从这些故事中获得自由的感觉，统统都是自己创造出来的。

所有在故事中痛苦的感觉或受伤害的感觉，不可能是别人给你的，那些故事只是选择我们想要体验的感觉而站立的最有效、最恰当的观察立场而已。这也是为什么同一个事件中不同的当事人都会给你讲出各自不同的、属于他们自己版本的故事。他们会有冲突或者争吵，原因其实很简单——他们都想抢同一个位置，比如，受害者、弱者、被爱者或控诉者这类位置。一个故事就像一个空间，有无数个位置，你最后选择的位置就决定了你看到什么和感受到什么。而你所看到的、感受到的最后就会成为属于你的真相，因为观察本来就是创造的一部分。

同样，你也不要以为被爱的、有力量的、有成就感的、被信任的这些好的感觉是别人给你的，需要依赖某个特定的人或某件特定的事。这和被伤害的感觉是一样的，那个事件或者个人只不过是个媒介，整个过程只是一个把原本就属于你的力量、爱投射到对方身上，经过二次加工换个包装再拿回来的游戏。

学会把投注在别人身上的期待和注意力收回来，放到自己身上，这是为自己的生命、为自己的感受负责的第一步，也是收回力量最重要的一步。

这些道理我都懂了，

但还是做不到？

你的无力，你的焦虑，你所有加诸爱人的需求，

我看到了。

让我们一起，做一段冥想练习。

一起找回这些在不知不觉中流失的、

用来爱自己的力量吧。

第二部分

请把幸福的选择权放在自己手里

学会和自己的欲望和平相处很重要，
承认它，尊重它，面对它，满足它，然后才可能超越它。

只剩下功能性的婚姻，还要不要

拥有看起来正常的婚姻，心底却有种虚无感

在我们生活中，很多人的婚姻关系就像工作中的同事一样，分工明确，各司其职，就是常说的那种“搭伙过日子”的生活。

在这样的关系里，所有的沟通都是事务性的、功能性的：

“明天我加班，你能不能去接下孩子？”

“下个月妈妈六十大寿在哪里订酒店？”

“液化气要去充值了，这两天你有没有时间？”

“晚餐是红烧带鱼还是红烧鸡块？”

……

当然，有了孩子之后还有个很重要的谈话主题——谈论孩子，还有孩子的学习……

在这种关系里，两个人都不会彼此表达太多个人的感受，更谈不上心灵的交流，但所有家庭生活的功能都会运转正常。是的，

正常。正是因为看起来正常，所以心底那份虚无感才不知道该如何应对：如果这样人人称羡的生活你都不满意，似乎太不知道好歹了。

所有的亲密关系都要经历四个阶段：

蜜月期→权利斗争期→死寂期→伙伴关系期

亲密关系最初的蜜月期，我们会对对方有很多美好的投射，也会体验到很多甜美、温暖的感觉。随着关系的亲密而带来更多的熟悉感和安全感，我们开始暴露自己内在的阴暗面，同时也渴望对方能做到自己所期待的样子。曾经讨好、付出的一方累了，想要获得更多的回应，不再愿意继续那样付出了。而习惯被付出的一方，则可能把这种付出的回收当作一种背叛或辜负。双方都会期待对方用自己想要的方式来爱自己，当对方没有做到时，就会用或明或暗的方式来攻击或惩罚对方。

由于不满，争吵开始了，这时进入关系的第二个阶段——权利斗争期。这里的“权利斗争”并不是在争某种实际的权利，而是两个人都希望自己的需要应该优先被满足。例如，被理解，被支持，被欣赏，被重视，被照顾，等等。这个阶段，两个人都会认为自己的需要有足够合理的理由被优先满足。两个人都会在这个阶段累积很多委屈、愤怒，甚至心碎的感觉，到最后就会吵得精疲力竭。

所谓的“权利斗争”，争的是两个人都希望自己的需要被满足，都希望对方帮助自己填满心灵的空洞。在这期间，彼此的攻击往往会激发伴侣把曾经压抑在内心深处的阴影以一种极端的方式释放出来。

一个在一起生活了很多年，共同经历了那么多，连彼此的身体都熟悉的人，忽然生出一种陌生感，恍然间好像不认识这个人了。这种陌生感既让人困惑，又让人害怕。

权利斗争这个阶段，两个人都有饱满的情绪争吵，改变对方这个梦想极其坚定，可以调动大量的生命力来弄出各种戏剧性的事件。什么摔东西、夺门而出、彻夜不归、冷战十天半个月都不在话下，甚至这些戏码的加强升级版。

经过了若干年的争战，曾经充沛旺盛的生命力早已被消耗殆尽了。这时，两个人会逐渐平静下来，不再争吵了，不是接纳对方了，而是吵不动了。

如果这时因为某些原因没有分开，而且两个人都没有重大成长，那么就进入了关系的死寂期。

死寂期看起来比上个阶段的权利斗争期要和谐——只是看起来。

他们嘴巴上会说：

“他就是这样，我已经接受了。”

“算了，就这样吧。还能怎样呢？”

很多人以为自己“放下”了，但事实上，希望伴侣满足自己期待的渴望并没有放下。这种“放下”只不过是失望之后无奈的放弃而已，看上去好像是变得更为成熟、回归现实，但是，这种接受现状并没有让自己有更加轻松、喜悦的感觉，反而生出一种悲壮感，是一种不甘心却又无奈的妥协。

这种表面上的风平浪静，并不是真的和解，只是因为真的是吵累了、吵不动了。累了，绝望了，放弃了。

这份和谐，是把期待压抑下来换得的，但压抑只是把期待埋在了内心深处，它并没有消失。

两个人不再有大规模战争了，更多的是暗潮汹涌，但彼此会心照不宣地尽量在婚姻里完成好功能性的需要：做好男人该做的、女人该做的（或者爸爸该做的、妈妈该做的），该挣钱挣钱，该生孩子生孩子……于是，这个阶段的婚姻就变成满足生活功能性需要的一个合作社。彼此都没有在这段关系中获得多少爱的滋养，这样的婚姻或者亲密关系在我们生活中比比皆是。

也许在外人看来，两个人同进同出，感情甚佳，但其实当事人都明白，在这段婚姻里，自己内心那个渴望被爱的空洞从未被填满过。这份对伴侣的失望也绝对不会单一孤立地存在，生命是“全息”的，所有部分都是交织在一起，相互影响、相互叠加的。

所以，这份失望也会延伸到对婚姻的失望、对生活的失望中，归根结底最后还是对自己的失望。而长时间无法改变时，我们就会陷入无望的感觉中。于是，巨大的无意义感就产生了。

进入死寂期，两个人几乎不会再有情感和心灵的交流，就如前面所提到的，所有的交流都是事务性的。两个人情感关系方面的话题变成了雷区，大家都小心翼翼地避免触碰这个话题，因为前面有太多不愉快且失败的沟通历史。在对方那里受的伤没有愈合，也没有治疗方法，于是选择把伤口掩藏起来，不去看、不去想，只是假装它们不存在。

人性里对联结的渴望是天然的，都渴望被爱、被懂得、被陪伴和被关注……如果没有发展出自我滋养的能力，在婚姻里又得不到，而且也没有足够的力量去影响对方，对待这些心灵深处没有被满足的渴望，很多人的处理方式是自我说服或者压抑。

这就是人们幼稚的地方。

做选择，勇敢去面对未知

很多人往往太高估意志力或自我说服的力量，以为告诉自己不在乎，就可以真的不在乎。

潜意识的渴望，无论头脑怎样自我说服都不可能压下来。当心灵的空虚感袭来时，我们为了逃离这种感觉很容易进入另一种沉溺的状态。说白一点儿，就是容易上瘾：要么对某种事物，要么对某人。

比如，喝酒、打游戏、追剧、打麻将、买彩票、炒股、购物……

道德感比较强或者执着于“优秀”“上进”的社会人格的人会选择看上去更被社会主流所认同的上瘾方式——工作。大量出差、加班、应酬……

在这里要特别区别一下爱好和上瘾的区别。以上提到的这些可能只是爱好，但爱好和上瘾最大的区别是：爱好是可以停下来的，而且停下来不会空落落的难受，不会一直惦记着，但上瘾则相反。而且，上瘾的人为了能持续他们的上瘾行为是不惜破坏其他东西的，如健康。除了对事物上瘾，另一种是对人上瘾。

很多人对伴侣失望之后，会把这些期待转移到孩子身上。他们改造伴侣的计划失败之后，继而迫切地希望把孩子打造成自己想要的样子。在我们的群体意识中，教育孩子的任务还是主要由母亲来承担，所以下面这段话的代称我会用母亲，但也不乏有些父亲也会这么做，只是比率较少。

母亲会对教（Kong）育（Zhi）孩子上瘾，把所有的注意力都放到孩子身上，视孩子为自己生命的全部。或者，把在伴侣身上缺失的爱全部投射到孩子身上，在孩子那里体验被关爱、被需要的感觉。所以，我们常常会看到那些早早就变成小大人的孩子。

很多孩子虽然年纪很小，但是他们却在扮演小丈夫的角色，要么特别体贴地去照顾妈妈的感受，要么对妈妈的情绪异常敏感，过度成熟。有的母亲很没有安全感，害怕自己不被需要，所以潜意识里害怕孩子长大了就会不需要自己、离开自己。因此，她们会过度干预、过度保护，这样的孩子就永远长不大，始终无法独立。

另外一种死寂期的上瘾，就是外遇了。在一潭死水的婚姻里，彼此都不能在情感上滋养对方，功能性的需要完成得再好也弥补不了情感枯竭的空洞。所以在这个阶段，只要外面有一个人给出一点点关注、欣赏、关心、理解……心被牵引走几乎在所难免，甚至自己都会无意识地散发出寻求爱的信号。很多看上去不会出轨的好人也会出轨，是因为那些看上去带有某种孤独或忧郁气质的人总是很吸引人，很容易让有拯救者情结的人爱心泛滥，深陷第三者的窘境。

在原来的关系中没有修好的功课，不会仅仅因为换了个人，就消失了。最初的蜜月期结束之后，还是会进入权利斗争期，再到死寂期。只不过每换一个新的人，蜜月期的时间会越来越短。如果当事人不自知的话，会不断轮回这样的狗血故事。

事实上，这是一个很好的自我反思和自我成长的机会，因为你会意识到并不会有人因为你的期待而改变。你需要学习的是不再依赖别人来满足内心被爱的渴望，也不再依赖别人来让自己快乐，而是学会真正地爱自己，不是向外抓取。

然而，很多人并没有抓住这个机会来提升自己，而是转而压抑自己内在的渴望、体验爱的生命原始的动力，宁愿用一些合理化的限制性信念来自我说服：

“婚姻就这么回事儿。”

“男人（女人）都一样。”

“大家不都这么过吗？”

宁愿如此说服自己，也不愿改变自己。所以，在死寂期的婚姻中，有些人是工作上瘾，成为工作狂，不停地加班、出差，有些人是沉迷网络或游戏，有些人是不停地去旅行……

很多人会在死寂期这个阶段停留很长时间，像我们父辈那一代人，有很多夫妻和对方形同陌路甚至像仇人一样过了一辈子，却也不离婚，也不改变自己的模式，一直到死都没有从这个阶段毕业，没能去到下一个阶段。就这样在相互怨怼、相互纠葛中，消磨了自己宝贵的一生。

当然，如果你注意到了这份虚无感，就意味着你还没有把自己物化到底，你对自己的心和感受还保有一丝敏感，渴望体验生而为人本来该体验的东西——给出爱、表达爱、接受爱这些感觉。当你没有真正体验到这些时，也许你的头脑可以自我安慰“这样的生活已经很好了”，但内心始终有股力量在不安分地涌动，四处寻觅一条可以通向自己灵魂皈依之处的出路。

事实是当你感觉被“鸡肋”婚姻困住时，这是你自己的一种选择，你并不打算真正离开这个自己一直在嫌弃的情景中：要么是侥幸地希望自己在不做任何大的改变的情况下，时间的流逝让问题自行消失；要么是骨子里就不相信自己可以拥有真正高品质的亲密关系。就像弗洛姆所描述的——可以在对方身上唤起某种有生命力的东西，而双方都会因唤醒了内心的某种生命力而充满快乐。

因为大多数人的生命标准是很低的，“好好过日子”是他们这辈子的最高目标。这种人的人生格言就是：“能将就的，绝不挑战更好的！”

有个编辑，经常会收到一类稿件，说自己的父母怎么打打闹闹、吵吵嚷嚷地过了一生，现在年纪大了，相依为命了。做子女的就感慨，这就是真爱啊！吵吵闹闹里才有真爱。这个编辑感叹，每当看到这样的文章就忍不住腹诽：狗屁真爱啊，是根本吵不动了！

真正的艰难，并不是做了一个选择之后要面对接下来的一系列挑战，而是你一直无法做出真正的决定，长时间胶着在“要”或“不要”之间自我消耗。就像我常常在课程里讲的，你**要么站起来全力奔跑，要么躺下来好好休息，但你别一直蹲着**。把自己长时间陷入进退两难、左右摇摆的状态，把大好的生命都白白浪费在自己各种分裂的人格争斗中。外人看你吃喝拉撒一切正常，只有你自己知道这种精疲力竭的自我消耗是多么痛苦。

很多人以为不做决定是最安全的，可以规避决定所带来的风险，然而你不知道的是，这种不做决定僵持消耗的状态所浪费掉的宝贵生命，才是你付出的最大的成本！

无论你是决定在你的亲密关系里真正给出承诺，去沟通、去面对、去道歉、去原谅，还是拿出力量带着祝福和感激彻底结束一段亲密关系，勇敢地去面对未知，都是很好的。无论哪种决定，一旦真正做了选择，你都会感到轻松、豁然。你会进入下一个全新的伙伴关系期，体验到完整而成熟，彼此支持、信任的亲密关系。

来到伙伴关系期，彼此都超越了最初幼稚而盲目的期待，开始变得更为成熟，你更加懂得尊重对方的需要，能够站在对方的角度理解对方，同时也能为自己的需要负责。不是带着情绪和本能去发泄情绪，而是知道如何中正、有效地表达，让对方可以收到你的需要，而愿意去给予你。

这个过程是需要不断学习和自我超越才能做到的，它不可能在含混不清、将就、侥幸的状态下完成。**你需要拿出力量去做出选择，哪怕暂时没有力量也没关系，你依然可以学习成长、寻找支持。**不过，绝对不要纵容自己以回避的态度长时间滞留在这里，也绝对不要相信别人告诉你的“大家都是这样过的，你还想怎么样”！

你来到世上不是来将就的，你绝对值得拥有对得起自己人生的美好的关系。

那些曾经的美好，还回得去吗

人生若只如初见，
何事秋风悲画扇。
等闲变却故人心，
却道故人心易变。

——纳兰容若

你们回不去了，你们只能往前走

体验过爱情蜜月期的人都懂得，在关系的最初，彼此相爱的感觉是那么美好。因为爱这个人，每天都是笑着睡去和醒来，甚至整个世界都因为有这个人的存在而变得可爱和有生机起来。

蜜月期甜美而热烈的感觉会让两个人越来越靠近，越来越亲密。在亲密的同时，隐藏在社会人格下的人格阴影也会逐步清晰地呈现出来。

然后慢慢地，一件事一件事地发生，争吵越来越多，每次都带走一些信任和亲密，直到最后把所有最初存留的美好消磨殆尽，爱得越来越累，越来越无力。想爱又看不到希望，分开又放不下。最后被卡在一个进退两难的尴尬境地，变成一潭死水。很多人维持关系的动力不是来自当下，亦不是未来，而是靠过去美好的回忆支撑，或者和一个熟悉的人在一起所带来的安全感，哪怕这个安全感可能只是一个幻觉。

很多人对我说："周梵，那时我们真的很好、很相爱，他（她）对我很好，可是现在他（她）变了，他（她）现在对我和过去完全不一样了。男人（女人）真的好善变。我们还能回去吗？我现在真的没法相信爱情了。"

如果感觉到对方不只是发发牢骚，而是真的渴望找到答案，我就会残忍地说出真话："你们回不去了，你们只能往前走！但是，若你现在只想回到过去，那你们永远不可能通过现在的挑战，走到下一步。"

最初，我们对爱情会有各种美好的幻想，那是一种纯粹、单纯、美好，同时幼稚的儿童般的想象。

人们最初爱上一个人时，往往会把最完美的目光投射在对方身上，常常忘记和自己产生爱情的那个对象是个普通人，会打嗝、放屁，会焦虑，受伤了会想报复或放弃，自己内在也有很多混乱和纠结，会有无力感，会虚荣或懒惰。

当我们对对方有完美的想象时，就会有注定彼此失望的结果。

但是，不能因为失望就停滞不前，认为爱情或婚姻不可靠，直接给爱情或婚姻定了罪。

生命的目标就是进化，从某方面来说，一个关系其实是一个有机体，是会不断成长、变化的。可以说，关系是活的，也会和外在的环境互换能量，自己内部不断地代谢、成长。那些成长的、健康而良性的关系会生机勃勃，而有些则死气沉沉，甚至分崩离析。

关系成长的不同阶段，两个人的节奏也不太会始终保持一致。

所有的体验都是二元化的：当你想明白善是什么的时候，必须同时明白恶是什么；要懂得什么是美，必须先要明白丑是什么；要懂得更高层级的美，必须先要超越更高层级的丑。

但是，你不能在体验到丑这个层级之后就停止，然后说："我知道了，这个世界是丑的。"这不客观，也不真实，就像说这个世界是纯粹的美一样不真实。

成长就是看到事物的多面性，成熟的善良不是只看得到美好的东西，而是能透过丑恶依然看到希望。真正成熟的爱也是如此，不是只看到对方的闪光点而爱对方，而是能穿透对方性格中的限制依然看到他的美好和无限的可能。

而且，通常那些曾经吸引你的闪光特质，最后你无法忍受和批判的也是同一个部分，只不过是正面和背面的区别而已。

C小姐从小到大都很听父母的话，她受到最多的耳提面命就是：要懂事，不要和别人不一样；言行举止要得体，不要做出格的事情；不要给别人添麻烦。所以，C是一个乖女孩，优秀、独立，按照规定节奏上学、工作、升职……然而，到了适婚年龄，她一直没有恋爱，于是她就配合父母的安排去相亲。父母喜欢那种踏实实在的经济适用男，C小姐和相亲对象吃了一顿不咸不淡、没话找话的饭，无聊、尴尬到爆棚。饭刚一吃完，C小姐就找个理由匆忙离开，实在没有动力再多待一分钟。

这样类型的男人前前后后见了好几个，C小姐实在是提不起半点儿兴趣。她父母身边的适龄单身男库存基本已经没有了。最后，她妈妈的同事毛遂自荐家里一个刚刚回国不久的远房外甥——小T。

这次，他们在饭局上相谈甚欢，感觉还不错。吃完饭，小T对C小姐印象很好，不舍得马上分开。小T说："我们走走吧。"C小姐同意了。走着，走着，经过一个公交车站台，小T一把抓起C小姐的手就跳上了一辆刚停下来的公交车。

C小姐错愕不已："这是要去哪儿？"小T说："我也不知道，管他呢，你就陪我坐坐公交车来个一日游吧。"

C小姐整个人都傻了，她第一次意识到，人竟然还可以这么活！还可以这么随性自在、无拘无束！

就在那一刻，C小姐爱上了小T。

他们恋爱了。

后来，他们的恋情发展得很顺利，最后结婚、生子。我认识C小姐，是在他们相识的第三年。这时，他们的孩子快一岁了。

她来找我是因为她感觉她的婚姻快支撑不下去了，他们现在有太多的争吵了。而C小姐最无法忍受小T的地方就是这个男人实在是太不负责任、太随性了。

她最希望小T改变的就是做事情有计划性一些，多考虑一下别人的感受，不要自己想做什么就做什么。她觉得现在跟小T在一起好疲惫，她要承担很多。而小T也觉得很累，他觉得自己已经为这个家改变很多了，但似乎从来都不能让C小姐满意。

C小姐也很困惑：为什么小T当初最吸引她的部分，现在却成了她最厌弃的部分？

当足够了解自己时，你就会发现爱情有迹可循

每个人的人格中都有两个部分：社会人格和阴影人格。

社会人格是我们的养育者的价值观以及在我们成长过程中的社会文化中的价值观渗透进来的信念体系。比如，C小姐的信念就是：做人就要多为他人着想，绝对不要给别人添麻烦，不要和别人不一样。所以，她长大后，身边很多人都觉得她是个善解人意的好人。但是，C小姐自己却常常很不开心、很累。她很想拒绝别人，但又被自己社会人格的信念所限制，所以没有足够的力量。

她总在渴望得到别人的认同，总在无意识地压抑和忽略自己

的需要去讨好别人，但是在她的内心深处，对“随心所欲地为自己而活”有着非常大的渴望和向往。但是，她的社会人格不允许她这么做。所以当她遇见小T时，就会被对方身上那种随心所欲、自由自在的特质所吸引。她会爱上小T这样的男人，是必然会发生的。

每个会吸引我们的人，身上都有一些可以填补我们内心空洞的特质：要么是我们压抑的，不敢活出来的，像C小姐；要么是我们对自己有评判的，希望对方来补的。

比如：

嫌自己木讷、内向的，就会被活泼、风趣的人吸引；

评判自己拖延、没常性的，就会被有死磕精神的人吸引；

觉得自己太浮躁、易变的，就会被沉静、踏实性格的人吸引；

觉得自己学历低、学习上不优秀的，就特别想找个高学历的优等生。

反之亦然。

这种吸引和选择往往发生在潜意识里，在人们根本没有觉知的时候就发生了。所以，我们常常觉得爱情是莫名其妙的，似乎我们会爱上谁是无法选择、随机发生的。

当你无法决定你会爱上谁时，其实是你还没有力量决定自己是谁。当你不知道怎么会爱上这个人时，其实是你并不了解自己。

当你真的对自己了解得足够清楚时，你就会发现你的爱情的发生都是有路径可循的。

那些会吸引我们的人身上总有一种特质，就像C小姐一样，有一些我们压抑、不敢活出来，但又十分渴望的。这个自我压抑的部分就好像一个心灵的空洞，当对方身上有这个部分时，我们的潜意识可能就迅速地捕捉到，并被吸引。在你还不知道它是如何发生的时候，它就已经发生了。

同时，这些我们压抑的部分是因为有一个“内在父母”在评判它，不允许它呈现。比方说，觉得随性而活就是自私，就是不负责任。所以，我们内在就对同一个部分有很矛盾的两股力量——又渴望又抗拒。

当我们与对方的关系变得更亲密时，那个底层的评判就出现了。而且，我们对这一部分的感受是相当复杂的，是“羡慕嫉妒恨”的，内在会有一部分说“家里乱糟糟的时候，凭什么你可以视而不见，我就看着心烦，然后强迫自己收拾”。这是因为对方活出了我们自己一直渴望却又不敢活出来的样子。所以，我们对其他人那些评判的部分，是我们在内心深处有渴望的部分。我也想偷懒，但是我做不到像你那么心安理得；我也有自己的需要，但我没办法像你那样肆无忌惮地表达；我也想随性而为，但我就是有很多担心和失控感做不到像你这么洒脱。

我有个朋友橙子，橙子的妈妈跟她讲当年自己上大学时有些女生特别会撒娇、特别“作”，身边总会有好几个备胎，而且特别会指使这些男生：备胎 A 打开水，备胎 B 做笔记，备胎 C 请吃饭。橙子的妈妈说这些女生时露出鄙夷的神情：“这种女人啊，简直就是寄生虫。就是有这种女人，我们女人才会被看不起的，做人一点儿底线都没有。”然后话锋一转，“像我这种苦命的人是学不来她们这种本事的，一切都要靠自己。找个老公结了婚，有跟没有一样，一点儿都靠不住。你以后可千万别和我一样。”

橙子跟我讲这些时，说：“周梵，你知道吗，当时，我妈跟我讲这些时，我特别蒙圈，不知道她跟我说这些到底是啥意思。是不让我学她说的那些坏女孩，还是让我学呢？”

后来，我告诉她，她妈妈对那种女生又羡慕又厌恶：羡慕是因为，她其实也很想体验那种可以依赖别人帮助自己的轻松感，但是发现自己又被内在根深蒂固地认为“女性必须独立、必须谁也不靠”的道德观念绑架，她的日子过得很累，可她又破除不了这个内在观念的制约，做不到依赖。她就是我说的，又渴望又评判，又羡慕又厌恶。而亲密关系是面很好的镜子，我们看到对方的样子，可以很精准地反映出我们人格底层的这些又渴望又评判，各种相互矛盾、相互拉扯的信念系统。

最初与其说我们是爱对方这个人，倒不如说爱的是我们想象中的对方的样子。就好像很多父母爱的是自己想象中的孩子，当他们发现孩子和自己的期待不同时，就会失望和愤怒。

蜜月期就像宇宙给我们关于生命本质的试用装，让你品尝一下本体的美好和体验被爱、给出爱，最后成为爱本身的终极状态。就像通过嗑药获得极致体验一样，那终究只是依赖外部因素而得到的。如果你执着于这个因素，就会变成上瘾并迷失自己。

不是你不断地体验、学习、成长……精进成长突破小我（人格）的限制而自由的感觉，当真正获得属于自己的智慧和力量时，你就会从头到尾彻底而圆满地爱上自己！也意味着你可以同时爱对方的闪光面和阴影面。

你不仅爱对方的坚持、负责任，也爱对方的固执、不懂变通；

你可以依赖对方的老实、稳重，也理解对方无趣、不解风情；

你能欣赏对方的风趣、好玩，也接纳对方自由、随性、无计划；

……

到最后，你可以到达的境界，是不再借由某一个特定的个人对你的爱来留住这种感觉，**因为爱着自己，所以你也爱和你有关的一切！你可以成为最好的爱人，而整个世界都是你的情人。**

那些无力的人总是对伴侣嫌弃又依赖

“我可以为你搞定一切”是诱惑他人的筹码

优妹和鹏先生来找我时，他们两个人都是一脸的疲惫，尤其是鹏先生。

鹏先生是个好人。他朋友多、交际广、有担当，对朋友也是极其讲义气。只要他答应的事，哪怕他脱层皮也会把它给办下来。对优妹就更不必说了，总能把优妹照顾得无微不至，优妹的大事、小事鹏先生都会放在心上。当初，优妹跟鹏先生在一起感觉到的就是满满的踏实、安心。那种感觉好像他就是她的盖世英雄，跟他在一起，所有的风雨都有人为她遮挡。那几年，鹏先生的生意做得不错，在当地圈子也有些影响力。跟鹏先生在一起后，优妹觉得自己是这个世界上最幸福的人。很快，他们就结婚了，有了孩子。

鹏先生在家排行老大，下面还有一个弟弟和一个妹妹。妹妹是学金融的，但刚毕业没经验，想找到专业对口的工作难度很大。大哥鹏先生卖了个大人情，拜托一行长哥们儿帮妹妹找了份基金公司的工作。虽然是基础岗位，但是福利待遇相当不错。

隔了两年，弟弟结婚，房子的首付鹏先生给出了。后来，妹妹家的孩子到了上幼儿园的年纪，离家很近的地方就有家很不错的公立幼儿园，但报名的人太多，正常排队很难抢到名额，也是鹏先生帮忙想的办法把小外甥送进了那片区最紧俏的幼儿园。鹏先生总觉得长兄如父，能照顾就照顾一下，能帮衬就帮衬，这是天经地义的。

那几年，鹏先生就是整个家族的英雄，形象无比高大。家里发生任何分歧、矛盾解决不了，大家都会来找鹏老大。他一锤定音，没人敢质疑。鹏先生虽然有时也觉得疲惫不堪，但每每到这种被众人仰望和信服的时候，他还是非常享受的，觉得做人能做到这样，即使累也累得值得！

过了几年，鹏先生的生意越来越难做，好几个项目的投资亏损了不少钱。弟弟、妹妹还时不时地过来求帮忙，鹏先生感觉压力越来越大，但就是没办法张嘴拒绝。很多时候忙帮了，但鹏先生的态度总是很强硬，总是摆出老大哥的谱教训人，说的话也很难听。慢慢地，他与弟弟、妹妹的关系变得越来越紧张，他还和弟弟发生过两次激烈的争吵。

和弟弟、妹妹的关系问题变成鹏先生最大的心病，甚至也变成这个家庭的主要矛盾。鹏先生前一天可能刚刚跟老婆抱怨自己的弟弟、妹妹没良心，不懂感恩，“他们有今天的一切，都是我给他们的”，可能过几天又会答应弟弟因为生意亏损而借钱的要求。优妹道理讲了一箩筐，可鹏先生就是没办法做到划分边界，不去管弟弟、妹妹家里的这些烂摊子。鹏先生的压力大了，自然在家的态度也不好，身体也出现各种问题——“三高”、腰椎问题，整个人变得越来越胖。

优妹知道，鹏先生已经不再是曾经的那个盖世英雄了。他承担了太多该承担或不该承担的，他已经快要被压垮了。而最让人绝望的是鹏先生竟然没有能力把这些担子卸下来，终止他自己和整个家庭倾覆的进程。优妹对他非常失望。

没想到，没过多久，更大的一颗炸弹爆炸了——优妹发现鹏先生有外遇。发现时，他们的关系已经有了一年的时间。这个女人跟鹏先生认识有七八年了，这个女人叫春梅，算不上多漂亮，甚至也不年轻了。优妹第一次见到春梅的时候，看着她的大卷波浪头发，头发干枯且毫无光泽，身材中等，但算不上匀称，甚至还有点儿轻微的驼背，穿着过膝靴，配了一件有假毛领子的肥大外套。

她试图打扮得时尚、年轻，但是感觉就像偷穿了女儿衣服的妈妈，对自己的形象还没有放弃，但品位低，显然已经回天乏术了。优妹当时心里不无刻薄地想“俗气还不自知，这就是‘可悲’二字的经典诠释”。此后，优妹对鹏先生更加愤恨，竟然看上这样的女人，感觉不仅侮辱了他自己，也是对他老婆优妹的侮辱。

但是，就是这样一个女人，鹏先生竟然跟她分分合合纠葛不清了好几年。到最后两年，鹏先生自己也厌倦了春梅的依赖和纠缠，而优妹也知道鹏先生是真心厌烦了。他对优妹表达过好几次对春梅的厌弃，也无数次信誓旦旦地要彻底了断干净，但过一阵子，他们就会有各种各样的契机继续来往。这种纠葛反复的情况一直没有真正结束，优妹和鹏先生都感觉心力交瘁，也都觉得很挫败。

鹏先生虽然会跟优妹解释说“普通朋友也可以互相帮帮忙的”，这个理由连鹏先生自己都觉得很苍白无力，就更别说让敏感、聪慧的优妹相信了。优妹时常很费解，她不明白为什么这么简单的事情会被搞得这么复杂。如果真的烦了想了断，只需要不再联系、不再回应就好，为什么这么简单的事情鹏先生就是做不到？

可优妹闹也闹了，谈也谈了，鹏先生就是做不到。优妹能感受到鹏先生对自己的感情依然很深，她也舍不得就这样离开。优妹对鹏先生失望至极时常常闪过那两个字，好在她是个聪慧的人，知道不能总是纵容自己的情绪就随意把那两个字说出口，也知道自己的情绪无论是硬憋还是爆发都无法解决问题。

经历了数次绝望和精疲力竭的争吵、保证反复重演之后，她清楚一件事——他俩的婚姻遇到的困难单靠他们自己是无法克服的。

优妹能看到自己和鹏先生的一部分，但她看不清全部。如果需要彻底解决问题，必然就需要有超越问题的视野。她和鹏先生身在其中，自然很容易盲目、混乱。她决定寻求更有力的支持。

也正是因为她的这份通透，这场婚姻最后没有沦为短兵相接、斗智斗勇的闹剧，而是让两个人都借由这份历练而成长，没有辜负在婚姻中所受到的痛楚。

我们和一个人的关系进入越亲密的层次后，我们在这个关系里就有越多的机会认识自己。就像世界级的设计大师山本耀司说的：“‘自己’这个东西是看不见的，撞上一些别的什么，反弹回来，才会了解‘自己’。”亲密关系所呈现的状态十分清晰且精准地帮我们照见了自己。

我提醒优妹看到，他们和在亲密关系中很多人正在经历的很像。虽然每个故事的细节和版本各有不同，但底层的结构都是一样的。

你是否陷入了“强盗夫人效应”

再来说说鹏先生。最初，鹏先生在春梅危难时出手帮过两次忙。这一方面是鹏先生身上确实有非常仗义的部分，不管是对男对女；另一方面是在近几年里，鹏先生最狼狈不堪的样子都被优妹看到过了，她最初对他全然的信赖和崇拜已经逐渐消散了，更多的是担心和失望。鹏先生对自己越来越没自信，他曾经获得力量的两个源头都在剧烈地动荡和萎缩——事业的成功和家庭的仰赖。他急需一些崇拜的目光来感受到自己还是有价值的，这内心深处的需要恐怕连鹏先生自己都没有意识到。而春梅就是携带这样目光的人。

鹏先生在最初认识优妹的时候，也是照顾优妹，为她打点一切。那时，在优妹的眼中，鹏先生是无所不能的。而鹏先生没有意识到，这就是他的生命总摆脱不了“疲惫”这个主题的原因，因为他总是无意识地在关系里创造出被别人需要的感觉，无论是亲密关系还是家人，无论是朋友还是在工作中。他会显得仗义或豪气地为对方做很多事情、承担很多，让对方可以依赖自己。他需要被人需要的感觉，甚至迷恋和依赖这种感觉。这种感觉带给他掌控感，让他可以不用触碰自己的脆弱。

鹏先生在每段关系之初，总是无意识地传递出一种信息——我可以为你搞定一切。这是一种诱惑他人的筹码，也让他在关系中有掌控感。这是人格在成长过程中发展出来的生存模式，随着关系的深入、稳定，人格中的另一部分就会展现出来。

鹏先生有拯救者和保护者的能量，他很愿意去帮助别人。这是他的天赋，但也是限制。当自我价值感不够时，这种天赋会被用来服务人格的恐惧所吞噬。所以，他常常过度消耗自己。边界感很弱，很难拒绝别人。当累积了巨大的压力和疲惫时，他会以一种攻击性的、强烈情绪化的方式表达拒绝。但是，这种攻击性表达会给身边的人带来伤害，破坏关系。

然后，鹏先生又会感到内疚、自责，进而进入新一轮的讨好、补偿……讨好和补偿就一定会带来牺牲感和付出感。牺牲感的底层会有愤怒，于是直至累积到下一个愤怒的临界点，再次爆发。如此往复。

如果鹏先生没有力量改变这个模式，他的生活就会一直不断地轮回这样的故事。他总会在关系里体验到疲惫感、无力感、孤独感，觉得始终是自己孤零零地在拼，身边的人都不理解他，帮不上忙。可是，他却无法明白，这个死循环的僵局正是他自己创造出来的，害怕失控需要掌控感，而且迷恋被别人需要的感觉。只要他继续扮演拯救者，身边的人就必然会成为依赖者。

当初，优妹选择鹏先生时，就是被这种可以肆无忌惮地依赖一个人的安定感所吸引。对于优妹这种没有安全感的女性来说，这太有诱惑力了，这就是自己梦想中爱情的样子啊。

随着他们的关系进入更亲密、更深入的层面，鹏先生那些在关系初始时所没有呈现的特质开始浮出水面。他在工作和很多领域中表现出果敢、有担当，但在其他很多更为私人化的关系中却常常反复纠缠不清。一些极其简单明了的事情，他却如同被蒙蔽了双眼一般混沌无明，冲动且情绪化。

这个男人的身体里好像同时住着一个既有担当又包容的父亲和一个幼稚又脆弱的小男孩。随着他和优妹越来越熟悉和亲密，鹏先生小男孩的那一面越来越多地呈现在了优妹面前。这一面是优妹从没设想过会遇到的。原本，她只希望鹏先生身上如父亲般成熟的部分可以照顾她自己内心依赖、没有安全感的小女孩儿的那一面，但现在她发现自己却要时不时地来面对甚至照顾鹏先生那个小男孩的那一面。她不太愿意，准确地说，是不甘心。

在亲密关系之初，我们内心的渴望会吸引到一个有能力满足我们期待的人出现。你在情感中害怕受伤害、害怕被拒绝、害怕被抛弃，那么你自然会被一个对你热情澎湃，为了你义无反顾、不计得失的人所吸引。只有在这样的人那里，你才会感受到安全。很快，你们在一起之后，你会发现，对方曾经为你的义无反顾、不计得失的部分，进入到日常的生活中就会显得不顾后果、冲动、倔强。

你依赖、不够独立、缺乏力量感，自然就会渴望一个能干且愿意为你扛起天地的人出现。那么，你一定会体验到对方的强势和疲惫之后的不耐烦或者是对你的忽略。

如果你有一个A形的空洞，自然就会吸引一个有A特质的人来到你的身边；如果你有一个B形的空洞，就会渴望对方身上有B的特质。但是，对方只要有A的特质，或者能满足你B的需要，就一定会有A-或B-的特质。天赋和限制、机会和挑战都是结伴而行的。

你想要一个踏实、稳重的人，就要接纳他的木讷和无趣；

你想要一个活泼、风趣的人，就要接纳他的莽撞和随性。

但是，很多人却往往是只想接受好处，却不想承担责任。只想要对方的A来满足自己的需要，却不想一起面对因为A-而给自己带来的麻烦。

我给这种对对方又嫌弃又依赖的状况起了个名字——“强盗夫人效应”。强盗夫人会责备自己的强盗老公让自己担惊受怕，做这些火中取栗又不道义的危险勾当。但是，当强盗把抢夺来的金银财宝带回家时，强盗夫人又是很开心的，还会用这些钱财给自己添置各种喜欢的东西。

强盗夫人效应不分男女，也不一定仅限于亲密关系里。很多人可能对一份工作又嫌弃又依赖，对自己的父母又嫌弃又依赖……既没有力量全然接纳，又没有力量独立，然后离开。

你和你的世界本来就是一体的，你能承载多大的麻烦，就能享受多少福报。只有在关系里给出更深的承诺，才能够突破这个困境。看不明白这一点，只能沉浸在自己的失望情绪中，总是只看到自己的需要，而忽略了对方的需要，没有办法把对方的背景带进来去看到对方。**所有的影响力都发生在完全理解对方的基础之上，没有接纳和承诺，什么改变也发生不了。**

这时，你的力量才真正开始有机会锻炼出来。

练习：从评判中寻找力量

第一步：想想你对你的伴侣有哪些批评性想法，你特别不喜欢对方的地方何在？

第二步：仔细探索你对自己的批评与对他的批评相同还是相

反？例如，你觉得对方总是迟到，或者拖延，你可能以自己的守时自傲。当你进一步仔细检查时，却发现你在时间这个问题上对自己非常严苛。如果你确实如此，那就去看看这种严苛损耗了你的什么。或者，你发现其实你和对方一样拖延，只是你自己做不到更好，所以把行动的期待投射到对方身上，希望对方能帮你实现你达不到的目标。

第三步：看到底层障碍。当我们看到问题的核心时，问题也就解决了一大半。仔细觉察自己这个评判之下隐藏的功课。比如，你特别害怕拖延，实际上是有时间的匮乏感，或者对自己目前所呈现的不接纳，急着想变得更好。

为了孩子将就的婚姻注定是个悲剧

“一切为了孩子”只是自我安慰

以“要给孩子一个完整的家，所以不离婚”这种理由而委曲求全留在婚姻里的人，还真不在少数，无论是男人还是女人。而且，说出来有种特别悲壮、伟大的感觉。但其实，这不过是一次隐蔽的自欺欺人罢了。

很多做了父母的人，在面对很多事情时，因为自己的力量不够而做不到，就用这个借口包装成“为孩子牺牲、奉献的无奈之举”：

“我是为了孩子才不去工作的。”

· 真相可能是：你对自己是否能驾驭好一份新工作没有信心。

“我是为了孩子有更好的生活，才天天加班赚钱的。”

· 真相可能是：你不擅长面对跟家里人的各种状况，所以想逃到工作中。

“我有孩子，所以没有时间学习。”

· 真相可能是：你追完了一部又一部几十集的连续剧。

“我是为了孩子才不离婚的。”

· 真相可能是：你害怕要独自面对完全未知的生活。

“我是生完孩子才变胖的。”

· 真相可能是：你内心没有足够的力量做到自律的生活。

“一切为了孩子”这个理由简直变成了“万金油”。这种做法自我安慰的效果很好，却不利于我们看到自己真正的核心问题，并去突破它，升级自己，进而获得开启全新生活的机会。

其中，“要给孩子一个完整的家，所以不离婚”这种说法特别有迷惑性。这是一个被深植在群体意识中的信念，乍一听确实很有道理。

当周围的人用这句话去规劝一个正打算离婚的人，多半会引发他们内心的迟疑和慌乱。但是，稍微仔细思量一下，你就会发现这句话完全经不起推敲。

首先，完整的定义是什么？是家庭人设配置的完整吗？必须有一个男人和一个女人，有爸爸和妈妈，这就叫完整了？

另外，性别设置对了，人数够了，家就完整了？这种视角是非常浅薄、幼稚的，完全是根据可视性的东西来做判断的。说白了，就是很肤浅，只关注看得见、摸得着的。

这种观察世界的水平跟婴儿差不多，当妈妈躲在门后时，婴儿会害怕得大哭，他们会认为妈妈消失了，因为他们不具备领悟“看不见也是存在的”这种较为高级的思维能力。

重点是，孩子是否能够感受到这个家庭有爱的流动。这份流动包括养育者对孩子的爱，还有养育者彼此之间的爱。

很多成年人也是如此。他们只相信我看见的，看不见的就不存在，也没有意义，所以他们自然会忽略事物中精神及情感层面的意义。

比如一本书，有两个维度：一个物理存在，一个精神存在。在物理层面，你可以度量的指数是这本书有多少克、多少页、占空间多少立方米。

限于这个层面来使用这本书的话，你可以拿它来砸核桃（如果够厚实的话），或者可以把它烧掉转化成热能来取暖。不过，它还有另一个维度的存在，就是这本书所传递的理念、意义、思想，你无法测量它的意义或思想。

虽然这个维度你看不见、摸不着，但是你不能否认这个维度的存在，而且相较于物质层面的影响，它对你或者对这个世界所带来的影响很可能要大得多。

所以，那些认为完整的家就是不能少人头的人，能理解的价值仅仅局限在理解物理层面。当他们拥有一本书时，能把它发挥的最大价值，大概就是用来砸人或砸核桃。

在这种认知下，他们不改变婚姻中的相处模式，没有成长，没有承诺，只是保留婚姻形式层面的存在。

虽然生活在一个屋檐下，但彼此是仇视的、冷漠的，或是如同履行义务般进行每天的生活，家庭里了无生机，动不动就是刻薄的讥讽、猜忌、争吵，或者对彼此的漠视。这样的家如何称其为完整？

这种“因为孩子，所以不离婚”的婚姻彼此是没有尊重和信任的，都只是物化对方，把对方当成一个保持家庭完整的工具。这样的婚姻即使是表面的平静也是维持不了多久的，出现更大的问题只是迟早的事。

心灵对爱的需要，就像身体对氧气的需要。父母的关系会营造出一个没有情感的氛围，让孩子生活在这种氛围中，如同置身在一个缺氧的房间里。

刚开始看不出什么问题，但这种缓慢的窒息感会带来一系列的心理问题，进而产生行为问题。那些叛逆、有反社会人格、对人冷漠、有暴力倾向、有上瘾症（通过网络、游戏等方式寻找快感、逃避现实）等问题的孩子，基本上都生活在一个无爱的家庭里。

很多有这些问题的孩子的父母都在一起生活，但家里却冷得像冰窖。家里有没有爱，和这家里有几口人没有任何关系。在另一个层面上，虽然婚姻已经很让人难受了，但这是一种熟悉的感觉，这样的生活再狗血，自己依然练就了熟悉的应对套路。

真的决定离婚，就意味着要进入一种全然未知的生活，哪怕是有希望的。但是，相对于陌生的未知和希望，很多人宁可留在熟悉的痛苦中。

而从纯客观事实的层面来看，离婚或不离婚，孩子的父亲和母亲都在，并没有消失或死亡，孩子始终都有一个爸爸和一个妈妈。

发生改变的是父母内心对彼此的感受。孩子的爸爸（妈妈）还在，是你心里的那个人没有了。说得再准确点，是你过去对这个人美好的投射和期待无处安放了。无数次现实和期待的反差，让你已经不得不无奈地承认，对方真的不能成为你想要的样子。

学会为自己的选择负责，直面恐惧和限制

当婚姻的形式分崩离析之后，过去因为这个形式所带来生命的熟悉感和安全感，还有意义感，突然就都瓦解了。

因为有的人生命的支撑，原本就不是来自内心的完整感，而是依赖于外部的某个人或某种形式的存在，所以当对方离开或家庭这种形式消失时，接踵而至的是深深的遗憾和孤单感。然后，他无意识地把这种缺失感投射到了孩子身上，会认为孩子也会有和他一样的孤独感和缺失感。

有一种冷是“你妈觉得你冷”。那些总喜欢给孩子穿很多衣服的养育者，通常自己的体质都不好，所以他们会自然地认为孩子也怕冷，觉得孩子的身体是经不起环境温度变化的、是脆弱的。

长时间在这种环境的“催眠”下，孩子自己也会产生这种自我认同，甚至自己都会对别人说：“我从小体质就不好。”而这种自我认同又会强化各种疾病产生的概率。

这是父母对孩子很普遍的一种投射，这几乎是不可避免的。曾经有人问我：“作为父母，是不是对孩子最好的教育就是不给他们任何限制？”

理论上确实是这样的，但这很难做到，因为最难的地方就在于：你在施加影响，你自己未必是知道的。

人们总以为自己看到的或感受到的是世界上唯一的真相，却往往不能辨识真正的真相。我们对外界所有的看法或者认知都是个人性的，都是不同深度自我感受的投射，并不是客观事实。

比如，一个女孩看着一把椅子说：“这真是一把孤独的椅子，每天这么多人都只是使用它——坐它，但却从来没有人真正关心过它，或者感谢它。”

这女孩说的是椅子吗？不，当然不是，她说的是她自己。那是她内心连自己都尚未意识到的深层的自我感受，并把这种感觉投射到了那把椅子上。

我们当然也会把这种感觉投射到孩子身上或任何人身上，比如你觉得自己的孩子因为父母离婚了而很可怜，其实是你自己内在的孤单和无助，并不是孩子的真实感受。

当然，在父母认定这就是唯一真相并不断强化时，孩子未来可能确实会有这种感受，但那并不是必须发生的。对自我有觉知的父母会意识到，感觉离婚之后不完整的并不是孩子，而是他们自己。

这时，他们会非常警觉，并尽可能地不把这种感觉投射到孩子身上，把自己的感受和孩子的感受分开。同时，寻找更多的方法和支持来转化自己内在的孤独感和无助感。

当自己有孤独感，力量不足时，自己内心深处是知道的。这样的自己能给出的爱和耐心会非常有限，也很难成为一个合格的陪伴者。因为不相信自己未来能完成照顾好孩子这项“艰巨的任务”，所以就会依赖有人可以补这个漏。处在这种依赖期的人不只是表现在婚姻层面，还表现在生活中的每个方面。

亲密关系是非常清晰的镜子，映照出我们自己的方方面面。感受一段关系已经没有继续的任何意义，想要自己重新开始是完全可以的。

毕竟在没有觉醒的时候，就要承认自己做不到“跟谁结婚都一样”，那就尊重内在的渴望，去过自己想要的生活。

选择了不同的伴侣，就选择了不同的体验生命的路径。父母彼此没有怨念、没有失望，能够成熟地、有风度地带着感激和祝福分开，本身就是非常重要的一种示范，让孩子知道如何正确地面对分离。

如果不打算分开，还想在一起，也是可以的。只是这个世界上没有什么“委曲求全”或者“迫不得已”，每个选择都是每个人衡量了各方面的价值为自己而做的。

如果真的对这段关系有留恋、有舍不得、有依赖而留在婚姻里，就大大方方承认，不要利用孩子作为理由来逃避面对自己的问题。这样做不仅是对自己婚姻的不负责任，同时也给孩子传递了一种非常糟糕的生命态度，先不说孩子会不会感受到巨大的压力和愧疚感。

这种在面对生命中最重大的选择时，习惯用“我是因为××人才不得已如何”的思考方式，一旦孩子承袭下来，对他们的一生将是致命的影响。

他们最终会亲手打造出自己荒腔走板的命运，然后又会变成命运的受害者，在不甘心和无力中蹉跎完一辈子。如他们的父母一样，轮回往复。

如果自己依然想留在这段关系里，那就重新在关系中给出承诺，扎扎实实地做自己的功课。为自己的选择负责，而不是带着一肚子委屈和不情愿，直面自己的恐惧和限制，去突破它。

最终你会发现，**没有什么选择一定会决定你的人生。重要的不是你做了什么选择，而是你面对自己选择的态度。**

当你不害怕为自己的选择负全责时，做什么决定都是正确的！

当你身边有个“爱无能”的人

有读者说看了我的书之后，越来越多地意识到自己过去确实是有些幼稚，曾经拼命地想找伴侣索取爱，现在却能更多地去理解对方了。看看他的原生家庭对待他的方式，就明白其实他自己也没体验到多少爱，根本没办法给出，但那时不理解，还拼命地要，结果自己很痛苦，对方也很痛苦。

接着，她说：“我现在意识到他自己都不知道怎么爱自己，怎么可能有爱给我呢？”与此同时，她问了我另一个问题，“当我遇到一个这样的人，我可以做点儿什么吗？”

前两天，一个朋友冯冯跟我说，她刚刚交往了一个男朋友。这个男人 38 岁，和她一样都有过一段不超过五年的婚姻。

他们在一起已经有四个多月了。他们在一起的时候，冯冯能感觉到对方挺开心的，他对冯冯也很好，可不在一起时约对方出来见个面，冯冯就感觉对方并不热情。

当冯冯真的遇到一些事需要帮忙时，对方又很尽心地帮忙。这种不冷不热的态度让冯冯感到非常困惑和无力。

“他似乎更享受自己一个人。”冯冯跟我说，“我尝试跟他沟通，表达我的感受，但他竟然回我一句，‘我可能很难达到你的期待，到我这个年龄，已经不可能非常非常爱一个人了’，他这是什么意思？！”冯冯一脸错愕地看着我。

“他的意思是，他已经爱不动了，经不起折腾了。提前告诉你，是想降低你的期望值，让你想清楚再跟他交往。”我知道冯冯心智还算成熟，能听真话，就直接说了。

“周梵，那我该放弃他吗？”冯冯一脸虔诚地看着我，期待我给她答案完成这道人生选择题。

反正这种问题我听过很多，也不差她再问我一次。

我笑道：“是不是我让你怎么选，你都会乖乖照做？并且，不管结果如何都无怨无悔？”

果然，学习过的学员反应很快，她马上明白了我的意思：“其实，我还是很喜欢他的，并不想放弃他，而且我也知道如果碰到点儿障碍就放弃并不能解决问题。可是，他这样的话，我该如何呢？”

我告诉她：“如果你决定要跟这个人在一起，那么最困难的部分就在于你要在面对他的冷回应时保持自己的无价值感不会被勾出来。明白他这个反应跟你无关，而是对方的内在状态的一种反射。并且，还要在这种情况下保持自己的中正，不讨好、不埋怨、不拯救、不放弃，尊重并信任对方这个重建关于爱的认知的过程。”

冯冯很诚实地坦白：“说实话，之前有好多次，我的无价值感已经被勾出来了。”我猜和冯冯一样，很多人看到这段话的第一感觉就是——这太难做到了吧。

我并没有说这么做很容易，这确实需要更系统地学习和成长才能做到，但正是因为一旦能做到，你就会发现自己的整个生命模式都会改变，这难道还不值得我们全力以赴吗？

事实上，在这个过程中，我们所得到的成长并不是为对方这个人，而是完完全全地为自己。

“如果目前你会吸引一个这种‘爱无能’的人在身边，那么就表示其实我们内在也有和对方一样在关系中的无力感和挫败感。”

如果一个人带着忧郁的眼神，你就会被对方带着某种悲情或凄美的故事所打动。这些故事激发了你的保护欲，让你心疼或心生怜爱，甚至想要把自己贡献出来拯救对方。

故事就是故事，同一件事，不同的当事人，他们都会有属于自己版本的故事。一个人在自己人生的不同阶段，有不同的心智成熟度，相同的故事每个阶段也会有不同的解读。

别人怎么讲他们的故事不重要，重要的是你会被怎样的故事所吸引：

> 当你看到一颗受伤的心在自己面前袒露时，你会很心疼这个人。这种心疼恰好和你内在受伤的小孩产生共鸣，于是一种区别于他人的联结感就产生了。

另外，对方会给你讲他的悲惨故事，事实上也释放了一个信号：我愿意讲给你听是因为我信任你，而且我期待你是那个改变我的人。当然，不同类型的人会选择向一个人或是多个人释放这种信号。

“某个人会因我而得到救赎”是种不小的诱惑，许多人都渴望通过一些事来证明自己是与众不同的。

当一个人自我存在感不足时，会很容易掉进这样拯救的游戏中，不惜飞蛾扑火般一头扎进一些情感里。比如，一些已婚男人表达出在婚姻里的疲惫和孤独时，对一些女孩来说就会有某种致命的吸引力。

于是，很多人会不惜跳入到这样的故事中，无意识地扮演起拯救者的角色。然后，就会上演一幕幕狗血的爱恨纠葛，深陷其中却不明白自己是怎样自导自演还自己当观众，创造出这些戏码的。

而拯救者是很容易吸引“爱无能”的人来到身边的，因为彼此底层都有爱的匮乏，都渴望从对方身上获得。我们很难说这是不是爱情，这种情感确实有很多彼此的需要和控制，但同时也具备了彼此救赎的机会。

爱情本来就有个人化的需要和期待，以及超越个人化需要的属性。每个人在不同的成长阶段，其能够体验到的爱情的质量和意义都是不同的。

当你来到更有觉知的意识层面时，自然会体验到更高品质的爱情，你就会明白在上个阶段那些痛得死去活来的戏码，对现在的你来说并不是真正的爱情。那种伤痛的感觉也会真正地被转化（而不是被压抑），但如果你一直停留在同一个阶段，是无法体验这种开阔感的。

没有人能独自坚强，
但错误的人只会偷走你的力量

很多幸福指数的调查都发现国人的压力感远远高于世界平均值。生活中，很多人过得辛苦，很重要的原因是不太会（也不知道如何）寻求帮助。面对压力和痛苦时，大部分人的选择通常有两种，要么是压抑或死扛，要么就只是抱怨和诉苦。

其实，诉苦是一种无意识的求助行为，毫无智慧可言。诉苦的人不太会评估倾听的对象是否有足够的力量消化这些信息，也不会关注这场对话是否对自己有价值，以及探索自己到底想从这样的诉苦中得到什么。

那么，压抑呢？压抑并不比抱怨高明，这是一种通过自我隔离而避免痛苦的模式，常这么做的人会变得冷漠而麻木。

通常，男人会更在乎自己的面具人格而选择这么干，很少会主动求助或者展现自己的脆弱面。这也是大部分男人都死气沉沉、了无生气的主要原因。

学会用合适的方法向合适的对象寻求帮助，是快速跨越生活挑战很重要的一种能力。能保持自己的独立性，不依赖、不攀附，同时又能寻求帮助的平衡点很重要，因为如果只做到前者容易孤

立和骄傲，只做到后者又很容易变得依赖和黏连。

大家常常会跟身边的人倾诉自己的一些事情，但是如果对方根本没有足够的力量 hold 住你的问题，那么你的倾诉对象可能会变成你的新问题。

很多婚姻问题都跟双方的父母参与进来有关，卷入的人越多，矛盾就会升级得越快。

其实，父母能介入子女的婚姻，很多时候都是子女允许的。最常见的一种把父母卷进来的方式，是把自己对伴侣的不满抱怨给自己的父母听，这是极其愚蠢的。除非你的父母是非常有智慧且内心稳定、有力量的人，否则当你去跟他们讲述自己的问题时，他们的焦虑和恐惧很容易被勾出来。而且，你迟早会发现，你还需要去处理他们因为焦虑而造成的各种瞎帮忙所带来的后续问题。

他们给你出主意，而且通常不会是什么好主意：

> “你必须掌握经济大权！”
>
> “你要立刻回去跟他谈……”
>
> “你以后必须……”
>
> ……

你的原生家庭的信念体系和价值观在你的成长中早已无形地嵌入了你的性格中了，很多时候，有些问题正是你性格模式才创造出来的。而用相同的思考模式想到的解决方案，通常不会解决问题，甚至把事情变得越来越糟。

父母试图安慰你，让你尽快从这个情绪中释放出来，并且希望你尽快看到自己的问题，让你从抱怨变成反省，通常用的是否认你的情绪，以及批判的方式：

“两口子过日子，哪有不吵架的呢！”

“还不是你太娇气了。”

“就你那样，别人不说你才怪。”

在这个过程中，你往往会受到“二次伤害”，原本带着受伤的心希望寻求慰藉，结果又被一番责备。感受到更强烈的孤独感和不被理解的心酸。

或者，父母是跟你一起讨伐对方：

“他怎么可以这样呢？！”

“他凭什么这样欺负你？！”

“早告诉你他不怎么样，你要长点儿心眼儿！”

……

这么做可以短暂满足下你的小我，受害的部分被认同并强化。

以受害者的角度去解决问题无非就是防御或报复，不会有什么好结果，只会让问题不断升级。

所以，如果你的父母或其他家人没有如你所愿给出你所想要的支持，不需要对此失望，因为你期待他们做到的事是需要受过长时间的训练且能量很高的人才能做到的事。他们是爱你的，但这份爱受限于他们自身的能量状态。

有些人在这方面足够敏锐，他们可能早早就决定不再跟父母说自己的事了，他们会选择跟伴侣或朋友聊，这是相对略好点儿的选择，但依然要仔细甄别。尤其是那些早期进入你生活的人，他们是否在和你同步成长，还是止步不前。

在我们生命的早期，青涩且不成熟，能量也比成长后现在的自己要低。那时候，吸引的人都是匹配那时自己的状态的。

过了几年，他们除了外在拥有的东西可能发生了改变，智慧和能量状态依然停留在过去的水平。这样的人是没有力量面对你的痛苦的，他承受不起。他太想帮忙，但又没有足够的训练让自己处在一个中正而稳定的状态，只会越帮越乱。

他们会无意识地利用你的故事来论证甚至强化他们想认同的信念系统，并且加强他们自己内在的受害者的感受。表面上，他们似乎在安慰你，其实只是利用别人的故事流自己的泪，并且会不断强化受害者的角色。

“过日子就是这样的，你别想太多了。”

“连你都会遇到这种事，我再也不相信爱情了。”

“女人（男人）都一样，现实得很！”

“婚姻怎么选都是错的，大家都一样。”

如果你对自己的能量状态稍微敏感一点儿，就会发现听完这些安慰之后，你的能量是下降的。无力感变得更强，会更愤恨、无奈。

还有些喜欢评判，给事情贴一个简单、粗暴的标签，或者直接批判你，以此来证明自己是对的。

“早告诉过你这个人有问题！”

“你啊，还是太年轻，又不听劝！”

“早知如此，何必当初！”

“别哭了，哭又不能解决问题！”

“你说你怎么这么傻！”

你抱怨原本只是在别的地方遇到了挫折，希望寻求理解和接纳，但是最后你却发现根本得不到你想要的东西。结果一定是你和对方都会很无力、很失望。

洞察你所倾诉或者寻求帮助的对象是否有足够的能力或能量支持自己是极其重要的。**我们的人生都是摸索着往前迈进，**

在生命中经历迷茫无措的感觉是无可回避的。分辨那些不能给你有效帮助的人，去找那些能真正给你支持的人，是人生中很重要的智慧。

爱是积累来的，不爱也是

在任何体验里，我们都并不是被动的承受者。在爱情发生或消退时，我们都做了决定，允许或者推动它发生。爱或者不爱一个人，不是突然降临到你身上的神秘力量，而是一个选择。

其实，倘若真的能有想爱就选择全力去爱，不爱了也能挥一挥衣袖不带走一片云彩的洒脱，倒真不会有什么烦恼。很多人真实的现状是，彻底了断会不甘、不舍，想爱又无力。拿又拿不起，放也放不下，在纠结、煎熬中蹉跎了大半生。

当我说对一个人的感受是一个选择时，很多人无法接受，因为人们无数次做出了选择，但是自己并不知道。那些选择都发生在非常精微的意识层面，都是在无意识状态下做的。这种状态是心理学说的模式自动化反应，佛法里称之为“无明”。

在关系里，我们有以下四种浸泡在无明状态里的姿势：

一、演绎；

二、印固；

三、迁怒；

四、找平。

每段亲密关系的初始都是美好的，因为如果没有美好的感觉，根本就不会开始，也就不会有后面发生的各种爱恨纠葛的故事了。我们究竟是如何创造出对一个人爱或不爱的感觉？先从爱到不爱这个过程开始吧。

一、演绎

演绎就是一个事件发生之后，产生了一种情绪，然后在头脑里不断地放大、渲染这种情绪。通过一个场景来讲，大家会更容易明白。

一个重要的日子要到了，老公答应太太会准备礼物。结果到了那一天，他全给忘了。他两手空空地回家之后，才想起来，也诚恳地道歉了。女人虽然很不高兴，但没有让自己失态，当场发作，也说“忘了就算了吧”。

晚上，两个人在尴尬、微妙的气氛中上床睡觉了。女人半天睡不着，越想越生气。因这类事不爽已经不是第一次了，想起他给他妈精心挑礼物时是多么上心啊，对我竟然这么不在意……回头看看旁边这个人睡得正香，女人更生气了：我这么难过、生气，你竟然还睡得着！

她可能会把过去那些男人让自己失望的事情都想一遍，演绎了大半宿才睡着。第二天早上，男人还以为头一天的事情已经过去了，结果女人经过一晚的情绪渲染，比前一天的情绪早就强了几个等量级，自然是隐藏不住的，于是各种冷言冷语、夹枪带棒的话时不时地就出来了。迟钝的男人自然是被搞得一脸蒙圈，如果内心力量也不强大，很有可能就怼回去了。而且，面对一个擅长演绎情绪的伴侣，自己的心智又没有足够成熟，无法理解的话，他们最长用的话就是：

“你有毛病吧？”

不被理解以及在亲密关系里的无力感就这样开始发酵了。

二、印固

演绎是创造未来可以印固的素材，印固是不断强化和感染过去演绎出来的情绪，把那些事件和情绪带到现在和未来。再进入一个情景。

普通的一天，你正在收拾房间，突然看到对方的一件衬衣，想起买衬衣那天在路上吵架的情景，想起他对你说的伤人的话，又想起三个月前他做的一件事，还有昨天他……

如果旁边有人，看到你只是发了几分钟的呆，但是你内在早就电光石火、百转千回了。当你把衬衣收进抽屉里时，你内在的状态可能已经跟三分钟之前完全不一样了。如果你是个非常冲动的人，可能会延续这个情绪直接做出反应，比如直接打电话给对方，发泄情绪，说些难听的话。也可能你暂时在行为层面忍住，但等到了晚上，对方回家之后，你看他的感觉已经和早上不一样了……

有时，一个小小的刺激点，就会引发一次投入的演绎过程。甚至有时，没有任何刺激点，那些念头也会自动、自发地冒出来。

当然，有这种模式的人对于回味那些受伤害的悲情故事非常擅长，他们对于细节的描述可以精准到“令人发指”。那些久远的故事，如何能在他们的生命中历久弥新？原因很简单，因为在故事发生后的生活中，没有哪一天他们真正活在当下，而是全心全意地活在他们当时所身处的情景之中。他们会不断地在头脑中回放那些故事，在做饭时、独处时、做爱时、失眠时一次又一次地回忆那些情景，把过去久远的感受复制到现在的生活中，变成自己的人生底色。

三、迁怒

这次我来讲一个我自己的故事吧。

几年前的一次，我们一家四口自驾游去大理旅行，原计划是开到贵阳休息一晚，但是那天我们开得很顺利、很快，不到下午5点就到贵阳了。于是，先生提议，不花时间留在贵阳，直接开到昆明算了，反正我们开的SUV的后排座椅可以放倒，孩子们躺在上面睡觉完全没问题。而且，在车上睡觉的新奇体验，她们肯定会很喜欢。我觉得听上去还不错，就同意了。

结果到了晚上11点，孩子们太兴奋了，死活不愿意睡觉。我白天开车有些疲惫，只想尽快把她们哄睡了，我好安安静静地睡一下。可是，越是希望她们赶紧睡，俩妞越是一点儿想睡的意思都没有，躺在车上玩得不亦乐乎。而我开始烦躁起来，而且很快，因为困倦，我感觉到整个头部开始一抽一抽地疼起来。

身体的不舒服让之前的低落情绪变得更强烈了，在能量低的时候，低能量的念头也随之而来。我想：要不是这个不靠谱的男人临时改变计划，我们现在就在酒店里；孩子们不会这么兴奋，会正常睡觉，我也可以躺在舒服的床上睡个好觉，就不会像现在这么难受了……

当这个念头升起后，我比刚才更不爽了。我看了一眼正在开车的先生，他的后脑勺都变得讨厌起来。

就在我沉浸在这个念头几十秒之后，多年学习成长和大量训练的效果显现了：一份觉知突然升起，我的观察者上线了。我意识到了我正在干什么，过去人格中喜欢演绎负面情绪和迁怒他人的老模式又回来了。那些我在成长之前无比熟练的头脑游戏，在我情绪低落的时候试图“死灰复燃”。

当我觉察到这些时，我开始更深入地观察自己情绪底层的结构：我认为现在已经很晚，她们应该睡了；而且，我内心有个期待，期待她们赶紧睡觉，好让我可以休息，我现在很需要睡眠。这个执念让我在面对孩子迟迟无法入睡时变得烦躁和焦虑，而这种烦躁情绪则让我更疲惫，甚至直接出现了身体反应——头疼。事实是孩子们不想睡觉，但我因为内心的期待，却一直在抗拒这个事实。

我刚刚做的事就是我在课程里常常跟学员讲的："我们在用头脑里的期待跟当下发生的事实对抗，而最后一定是事实会赢，因为它正在发生。"而当我没有觉知地掉到自己正在跟事实对抗的执念中时，就升起了很多不舒服的感觉——情绪上的和身体上的。

而且，为了对抗这个事实，我在头脑里分支出一条"如果按原计划进行"的时间线来。并相信，在那条时间线上，如果没有老公不靠谱的提议，去了酒店，孩子顺利入睡，自己安心休息的期待就会完美地发生了。继而延伸出对老公的不满，把自己和现实对抗带来的不适感都让先生来承担。

当我看清自己头脑玩的这些把戏之后，我马上停止了内心对先生的责备，让自己更为中正地来看待这件事。事实上，先生提议时，我是同意的。我参与了这个决策，但是当这个结果不如意时，我就不想承担了，而把责任都甩到先生那里去了。

如果真的按原计划并不能保证一切真的就会顺利进行，孩子们在酒店也可能不会早睡，或是又有什么别的状况发生。总之客观来说，没有任何一个完美的决策可以保证不出现我期待之外的事情。

当看清了这些头脑把戏的结构后，我做了一个深呼吸，调整了一下。然后，我决定完全接纳当下所发生的：孩子想玩就让她们玩一会儿好了，头疼不舒服就安心地跟自己的头疼待在一起，也没有关系。

很神奇的是，就在我做决定的那一刻，我的头就没那么疼了。而当我真的放松接纳、平静地陪着孩子们时，没过多久，她们就睡着了。

可以试想一下，如果我没有及时觉知到自己在头脑中演绎的过程，而是任由自己的情绪无限放大，并迁怒到伴侣身上，会发生什么。那么，很快我对老公的不满就会变得更为强烈，那些过往对他“不靠谱”的所有评判都会被勾出来，曾经发生的那些不爽的事情桩桩件件都开始涌上心头。

他只是在前面开车，而我在后面已经“百转千回”了。无论我是立刻找碴儿发泄情绪，还是把这一刻的情绪按下来，当把孩子哄着坐回到前面的副驾驶位置时，我都已经和一个小时之前的状态不一样了。我无法平和地跟老公沟通，他无论跟我说什么，我都会没好气地回应，甚至会让这股情绪影响后面游玩的行程。

这就是很多人亲切而熟悉的日常。

四、找平

前三种姿势基本是三位一体，你中有我，我中有你的。但是，如果光有前三种，我们是不会进入后面煎熬、纠结状态的，因为不停地演绎、印固和迁怒，很快对伴侣的厌烦就会累积到极致，然后一秒钟也受不了要离开。

不过，**离开也是需要力量的。**

当我们力量不足，不敢去面对完全未知的生活，对伴侣又有依赖时，我们就只能留在原地，也就需要忍受在那之前自己创造出来的对伴侣的失望感和厌烦感（虽然大家都意识不到这是自己创造出来的）。可是，这样实在太难受了，所以为了让自己留在原来的位置可以舒服点儿，我们就需要找平。

找平不是真的平衡，只是自我安慰。比如，在“演绎”那个故事里的太太，当第二天她跟老公争吵之后，离婚的念头很可能就已经冒出来或快要冒出来了。她气鼓鼓地去上班，在处理一些其他的事务时，之前的情绪会被冲淡一些。这时，她头脑里会冒出另一个声音：“算了，虽然他对我总是很粗心，但他至少还是很勤奋、很上进的……”

也就是说，当我们评判对方的 A，引发了自己不爽的感觉。为了让自己恢复平静，我们就翻出对方的优点 B 来补偿一下，让自己暂时好过一点儿。但是，这种找平并不是真的接纳对方，也没有真的看明白自己的人格模式，因为不久后另一件事情的触发，你又会“爆”了。

很多时候，人们还会用贬低对方的方式来找平：

> “女人嘛，不跟她一般计较。”
>
> “小地方来的人，不懂，算了。”
>
> “她年纪小，我就让着她一点儿吧。”
>
> “男人都这样，别太较真儿了。”

这样的方式看似可以更包容对方一些，但是通过贬低和轻视对方造成关系中的不平等来获得虚假的力量感，这种力量感是极其脆弱的。而且，会剥夺对方在改变的力量，为关系埋藏极大的隐性伤害。人们容易在关系里做受害者，要么受害于某个具体的人，要么受害于某种更抽象的力量，比如命运、无常、时代、体制……

有意思的是，很少有纯粹的找平者或纯粹的受害者，他们常常都是在这两种模式中来回摆荡。

其实，所有的受害都是无明造成的。**无明会影响一个人与他人的亲密关系，甚至会影响生命的所有领域：工作、金钱、健康……其实，人生是可以避免在困境中艰难抉择的。**

所谓“困境”就是要么看不到出路，要么每条出路就要付出巨大的代价。在情况变成现在这种进退两难或举步维艰之前，他们已经做了无数个细小的选择，才把所有的机缘都牵引、聚集到这种状态。

只有生活在无数次的无意识选择之后，累积到足够大的冲击，人们才会意识到，这种觉知是被巨大的痛苦撞出来的。不幸的是，很多人对痛苦的耐受力异常强大，所以他们无明的程度也会很深。对自己的自动化反应没有觉知，就意味着你是没有自由的，只能任由自己被一股在自己体内，却毫无觉知的力量拖拽到生活的困境里去。

无明带来僵局，而清明带来自由，自由才会有力量。

有些学员问我：“周梵老师，你怎么知道你的先生就是你的灵魂伴侣呢？”

我的回答是：“他是不是由我决定，我选择他成为我的灵魂伴侣。”

别用痛苦来
诱惑别人爱你

你是否借用痛苦获得关注和爱

我记得很多年前的一次工作坊刚刚开始上课之前，有位学员过来跟我打招呼。这种事情常有，但是让我印象深刻的是他对我说的第一句话：

“我上过很多老师的课，包括一些很厉害的大师的课，但他们都无法解决我的问题。听说你很厉害，所以我还是打算到你这里来试一试，希望你能帮到我。”

这句话有着巨大的信息量。

他在说的是：

“我的问题连很多大师都解决不了，没有人能帮到我，我很孤独。”

因为我的问题很厉害！我的问题很特别！

因此，我很厉害，我很特别。

他真的想解决他的问题吗？我相信他有一部分是想解决的，

毕竟问题让他受苦，但显然保留这个问题的需要也同样强烈，因为他需要这个非常特殊和厉害的问题给他带来某种独特性的存在感。这是他人格深层的需要，远超于理性能洞察的层面。当然，这些把戏还是很有效的，毕竟过了这么多年，我还能记住他，不是吗？

在吸引注意力这件事上，痛苦确实有效，但一点儿也不特别，甚至颇为俗套。在我做的这么多个案中，发现那些故事虽然有着不同的人物关系、不同的时空背景，各种各样不同的版本，但底层的结构几乎都是一样的，小我的把戏是如此缺乏想象力和格式化。

有一次，大女儿发烧了，两天都没怎么吃东西，瘦了一圈。我爱怜地摸着她烧得发烫的小脸儿，说："宝贝儿，好可怜哦。"三岁的小女儿凑过来，嘟着嘴问："妈咪，我不可怜吗？"

我当时有些诧异，我知道很多人都会无意识地营造出一种忧伤的生命底色，借此来获得关注和爱，但没想到，这种把戏连一个三岁的小孩儿都能学会。

通过不断展示自己的痛苦是人格常用的吸引关注的方式。这是一种无意识的状态，从某种程度上来说，人格就是以痛苦为食的。通过讲述或者在头脑里反刍这些带着悲情色彩的故事，把自己设置成自己世界中的悲情男主角或悲情女主角，这个被自己塑造出来的自我形象就变得越发坚固、立体了。

人们对这种自我形象是很迷恋的，他们会不断地、反复地咀嚼童年时的悲惨故事。比如，童年被寄养，或者被同学欺负而被孤立，五年前在工作中被不公平对待……讲给伴侣听或者讲给陌生人听，甚至讲给孩子听。

我已经如此不易了，你还不爱我。

我已经这么痛苦了，你还不爱我。

一旦人们认同了这个游戏规则，就会参与进去玩，先扭曲自己，再扭曲别人。以至于陪你爱的人受苦，变成了一件十分天经地义的事情。虽然稍微想一想就会明白，这么做丝毫不会让事情有任何好转。

这也是为什么有那么多家长仍旧习惯用自己的情绪控制家人，发脾气，甩脸子。真正是做到了，一人不爽，全家压抑。其实，这么做本质上就是寻求关注，通过这种可以控制别人关注力的方式以找到自己的存在感。而需要刷存在感，是因为太没存在感了。

做受害者就是这样一个可以控制别人的角色，你可以做伴侣的受害者，也可以做父母的受害者、孩子的受害者，甚至环境的受害者或命运的受害者。

一旦你习惯了这个角色，你就会越来越习惯这种身份背景。**任何一种长期存在的自我认同都会携带某些固定的情绪，如委屈、无力、焦虑、悲伤等，最后甚至连身体机能都会被改变。当某种固定的情绪长期存在时，身体就会习惯这种情绪的“酸**

碱值”，并把自己调整为适应这种“酸碱值”环境的状态。如果隔一段时间没有这种情绪物质出现，身体就会不适应。于是，潜意识里会创造一些状况来再次体验这种情绪。

所以，人们会发现，很多人隔段时间就要折腾点儿事，创造一些情景让自己可以时不时地进入那些熟悉的焦虑、愤怒、烦躁等熟悉的“情绪浴汤”中浸泡一番，因为如果不保持那种状态，他们会感觉熟悉的自我感被瓦解，身体和精神都会极其不适应。这个过程跟所有的上瘾症状一样，都会有依赖性，而且需要的剂量越来越大，只是情绪的瘾头更隐蔽地渗透在每个人的生活中。

这也是为什么一些开始自我成长一段时间的人，如果没有一股稳定的推动力让自己持续地成长，很容易在经历一段全新的高能量体验之后又会退回原来的状态。

从痛苦中走出来，比忍受痛苦更漫长

从另外一个层面来说，痛苦是极有诱惑力的，甚至带着某种特殊的美感。这样的例子最著名的大概就是《红楼梦》里的林黛玉了。相比沉稳、懂事的宝姐姐，林妹妹的人气自然是高出许多的。

那些带着一股忧郁气质的人对很多人都有着致命的吸引力，尤其是那种丧失创造热情和生命活力很久的人。他们需要这样的人给自己琐碎、乏味的生活增添一些强烈的撞击感，他们渴望生活可以不那么按部就班，但没有勇气冒险把自己的生活作为试验田去活得自成一派。不过，他们能嗅到那些人格中有痛苦底色的人，并被这样的人吸引。他们会很莫名地心疼对方，想要靠近对方，并演绎一系列相爱相杀的故事。

这种戏剧性的剧情会给向主流价值观妥协的平庸生活带来某种意义和深度，不至于感觉自己的生命太过于呆板和浅薄。

就像前文讲的那个强调“大师也解决不了我的问题”的学员，这种特殊的痛苦让他相信自己是与众不同的、孤独而深刻的。如果他真的能纯粹地享受这种孤独是很好的，很多伟大的艺术家都有这份对世俗喧嚣的超离，这正是他们的伟大之处。但对于这位先生来说，他一边在抓着他的孤独和痛苦，一边还四处张望有没有观众和掌声。否则，他也不会特地过来告诉我。当然，即使他把自己包装成一个求助者，骗得了别人也骗不了自己。

这种通过戏剧性的狗血剧情带来的深度终究还是个赝品。就像小孩子认真地扮家家游戏，想尽快成为大人，进入一种更成熟的境界，但却显得更加幼稚。而孩子真正开始走向成熟的标志，是他们开始承认和面对自己幼稚的那一刻。

有很多人问我：“周梵，如果我真的变得强大而快乐，那他会不会觉得我不需要他了，因此而离开我？”

这是个好问题，因为这真的可能会发生。有些人对你的爱就是建立在你的无力和痛苦之上的，他们需要这样一个爱人在身边，带给他们可控感和存在感。

这样的你确实会带给他们麻烦，你的依赖，你的软弱，都会让他们觉得疲惫，他们会因此而痛苦，甚至嫌弃这样的你。但同时，他们也在享受着，因为当他们自己的力量感没有发展出来时，只有这样的你才会让他们觉得踏实。

你也习惯了以一种无力、依赖的姿态来留住身边的人。于是，两个人就建立起了一种近乎病态的平衡。即便是有成吨的不满和失望，疲惫或逃避都囤积在这段关系里，只要大家都不愿冒险走出这个熟悉、安逸的牢笼，这样的关系模式就能一直纠缠下去，消耗彼此的生命力。

但是，只要有一个人愿意改变，不想再玩这个游戏了，这个游戏就玩不下去了。当你改变之后，你身边的这个人如果不愿意成长，就会离开，再找一个愿意陪他玩拯救和被拯救游戏的人。或者，**如果他真的是你的灵魂伴侣，就会度过那个不适的改变过程，然后跟上来。你们就可以一起进入一个全新的关系层次。**

你需要做好准备去承担自由带来的茫然感，从痛苦中走出来有时比忍受痛苦更漫长，但你还是要这样去做，因为你的人生只有一次，经不起敷衍。

关系走向衰败不是不爱，而是不再信任

有一次在餐厅吃饭，听见邻桌的几个女孩聊天，其中一个说：“我什么都可以接受，但不能接受他骗我。”

另一个说：“就是，一个人如果不能坦诚相待，说明他根本就不在意你。”旁边的点头称是：“是的，是的，我也这么认为。”

我常常听到这样的表达：

“他怎么可以骗我？”

“你 ××× 也就算了，竟然还撒谎！”

我们来看看在关系中大家都是怎样定义欺骗（欺瞒）的。

“问你过去的事，不是回避不谈就是不够坦诚。”

“答应或承诺了，但做不到，叫欺骗，说明你不够爱我。”

“明明是在做 A，非说在做 B，就是欺骗，说明你对我用心不纯。”

"问你发生了什么，不说，叫欺瞒（欺骗）。"而且还会想：如果你心里没鬼为什么不说？不说就说明你做了亏心事，心里有鬼！

在关系中，有情感洁癖的人超乎想象的多，这么多坚信"我什么都可以接受，但不能接受他骗我"这个信条的拥趸者都在犯着类似的错误。他们不明白，要求一个人保持绝对的诚实，这真的是个极高的要求。

很多人在年轻时总是对爱情有着巨大的憧憬，认为只要一个人足够爱自己，他就必然会对自己百分之百地袒露真心，有一丝一毫的隐瞒都代表了那份爱不纯粹。这是一种相当狭隘的信念，也显露出人们心性的幼稚。他们在内心依然保留着婴儿阶段的"全能自恋"——婴儿认为妈妈就是属于自己的，妈妈所有的一切都是围绕着自己，为自己服务的。在婴儿期间，有这样的意识形态当然没有问题，但如果你已经25岁了，依然认为对方"你如果真的爱我，就应该什么都告诉我"，就需要好好反省了。

把我们对别人的要求和爱绑定在一起，事实上是一种隐蔽的控制。每个人都是独立的个体，无论是孩子之于父母，还是一个人之于他的爱人。**每个人都有权利、有自由在内心给自己保留一部分私密的空间，如果认为对方有隐瞒就是对我们不爱的表现，其实是在用爱的名义来绑架对方**，就像很多父母用"为你好"的名义控制孩子，逼迫他们是一样的。

即使一个人跟你恋爱、结婚，这依然不是我们因此就觉得自己有权利要求对方必须坦露一切的理由。如果你认为婚姻就是你可以束缚对方的权利，那么也等同于你给自己制造了一个矛盾陷阱。你的婚姻无法拥有绝对的自由，因为你剥夺伴侣的自由，其实同样也剥夺了自己在婚姻里的自由。

我们在爱情里，往往会无限高估爱的力量，好像只有对方足够爱我们，就可以为我们做到一切。

每个人能给出的爱都会受限于他们对自己爱的程度，一个人不可能给别人的爱比给自己的爱还多。如果看起来一个人爱别人比爱自己更多，那这里面一定有讨好和牺牲，而讨好和牺牲底层一定藏着巨大的愤怒。

所以，一个人可能很爱你，但每个人内在力量的程度不同，内在的安全感不同，能把自己全然敞开给他们伴侣的程度当然也不同。

我相信很多人都有过这种体验，明明事前反复思量，信誓旦旦地告诉自己见到对方要告诉他自己真实的想法。结果，等真的见到对方了，说出口的却是虚假的祥和、美好。

这就和一个人不是想停止焦虑就能停止，不是想不纠结就能不纠结一样，不是想真实就能真实的。

真实是需要力量做支撑的，或者说真实的程度和力量感的程度是成正比的，越真实越有力量，越有力量也越真实。

如果对方暂时没有那么强的安全感，需要用一些防御来自我保护，但你却强行要求对方必须坦露，这本身就是一种很自私的行为，因为要求对方全然坦露实际上是为了安抚自身的不安。你只有掌握了对方的想法、历史，尽可能多的完整信息，你才会有安全感。但是，你却不愿意把注意力放在改变自己上，去成长，让自己内心更强大、更有笃定感，而是不断地要求对方敞开心扉。至于对方内心的脆弱、恐惧、无力，你是不管的，也没有一丝耐心去支持对方，只是一味地索取，而且还用爱或者道德的名义来粉饰自己的索取。

这就像两个人都身体虚亏怕冷，但你只知道自己冷，却看不到对方也冷得要命。你不去想办法增强体质或找其他的方式御寒，而一定要对方把外套脱下来给你穿，如果不给就说明对方不爱你。这种自私的行为本身就脱离了爱的本质。如果你都不爱对方、不在意对方的感受，却指责对方不够爱你，这种自私、无理的行为不仅无效，而且只会伤害你们彼此的关系，让对方的心越来越封闭。

内心有力量的人在亲密关系里不会把对方的隐瞒当作是针对自己的反应，而是能明白对方只是目前没有准备好，他们会有更多的信心和耐心去等待和尊重对方的节奏。同时，他们不会在内心不断演绎各种故事来强化受害的情绪。即使真的有情绪，也会用成熟的、不带攻击性的方式真实表达。

对方常常
对你隐瞒真相怎么办

对你说谎只因你没有承载真相的力量

我们再来谈谈关于欺骗的问题。

对方没有对你说真话，这是一个事件。但是，不同的人在经历这件事时会体验到不同的感觉。如果你发现伴侣或者身边的人常常对你隐瞒真相，那这些事情都指向一个方向——你目前没有接纳真相的力量。

记得在一次工作坊上，一个学员说：“我现在的问题是，孩子越来越大了，有很多自己的想法了。”

我说：“孩子当然会有自己的想法，就像你也会有自己的想法。这很正常，也不能算问题。之所以你认为这是个问题，是因为孩子的想法和你的想法不一样，对吧？”对方说：“是的。”

很多人都是这样，人们真的希望对方真实吗？不，人们只希望对方的真实正好符合自己想要的样子。如果你没有力量接纳你的身边人呈现出他们真实的样子，他们的真实会让你不舒服，那么在你们关系的发展中，必然会产生谎言和欺瞒。

很多人总是很无辜、困惑地说："他以前总是什么都跟我说，不知道为什么，他现在学会对我说谎了。"其实原因很简单——因为你没有承载真相的力量。

事实上，一个人的真实程度取决于他评估对面的人是否能听真话，因为同一个人在面对不同的人时，愿意真实表达的程度是不同的。就像一个孩子会选择跟好朋友或陌生人吐露心声，但却对父母的探寻严防死守。这其实是一种生命的本能智慧，感受到环境不安全时就要保护自己。就像冲动承诺一样，很多人也会冲动地要去听真话。当你没有承载真相的力量时，执着的要听到真相对彼此都会是一种伤害。

而另一些人在面对这种情况时，会想到对方可能不愿意让他知道，怕他担心，或者不想破坏自己在对方心中的形象，或者是想保护自己，又或者会反思是不是自己有时候对一些事情反应过度，让对方不愿意告诉自己。

当发现伴侣没有对自己说实话时，一些人会感受到不被尊重，会有被背叛的感觉，甚至会质疑对方的爱是否真诚，又或者对方真的说实话了，你就会担心和评判对方。比如，一个男人对他妻子说："没关系，你说出来，我真的不会生气。"结果，对方就傻傻地相信了，全部都说了出来。

男人听到真话，发现自己根本没有力量平静地承载下来，内心各种涌动，但毕竟有言在先，也没有当下发作。但是一个月之后，在两人的一次争吵中，男人一直压住的部分马上被翻了出来："你那个时候还不是……"

他妻子才知道自己当时说实话是多么愚蠢的决定，把自己陷入这样的境地。接下来会如何呢？只要对方的智商基本正常，那么下一次，你再跟对方说"我们谈谈吧""没关系，你就告诉我吧"，对方一定会打死都不再吐出一个字。

很多人来听我的课程，都会特别无辜地跟我说："周老师，你说要沟通。可是他什么都不跟我说，总是沉默。我真的很难过。"有一个叫文惠的学员在课堂上提问，她说，十三年前有一次，她先生在电话里抱怨自己的公司买社保有很多滞碍，到现在都没弄成。他很生气，在电话里说了好久。文惠为了安抚他就说："没关系啊，要不然在我们公司给你买社保也行啊。"

这件事文惠本来早就忘了，但过了十三年之后，有一次她先生突然跟她说："你知道吗，你当时说那句话，我觉得你是在羞辱我。"文惠听闻这话十分震惊，觉得她先生实在是太小心眼儿了，这么点儿事儿至于吗？而让她更生气的是她先生竟然过了十几年才跟她说。

她在跟我说这件事的时候愤愤不已："他为什么当时不告诉我，要过这么多年？这么多年，他竟然一直憋在心里。"

我反问她："如果他当时就告诉你，你是什么感觉？"

文惠说："我会觉得他怎么这么敏感，至于吗？"

我大笑："那他当时告诉你，跟过了十几年之后告诉你有什么区别吗？你一样都不能接纳他的感受啊。而对方正是能感觉到你的不接纳才一直不愿意说啊，所以他需要用十几年憋在心里积蓄力量才有勇气面对你的不接纳，把心里话表达出来。

“你其实本来就不能接纳对方的感受，对方的感受让你觉得委屈，觉得好心没好报。所以，你只希望你表达的支持被对方完全接受，至于你表达的方式，还有对方那个时候的状态适不适合你这样的表达，你是不愿意去深究的。你完全被那种好意不被心领的委屈的感受填满了，所以你没有多余的注意力去关注你先生的感受。这时候，你就会用‘至于吗’‘他太敏感了’这种评判的方式否认他的感受。同时，你避重就轻地抓着他‘过了这么多年才说’这个理由，只不过是为了让自己委屈的感受看起来更合理一些而已。”

这个世界上任何事都是有因果的，如果你身边的人总是对你有所保留，那么你需要问的是自己是否缺乏承载真相的力量。

你要真正地明白，**自己过去在生活中的每一次言行，都是一块小小的材料，你用这些材料堆砌出现有的生活。**如果你不喜欢，那也没办法，因为每一块砖都是你亲手放上去的。

愧疚感，是关系中最不需要的

一个人问伴侣这些问题：

“在我之前，你有过几段感情？”

“你们当时怎么分手的？”

“你还爱那个人吗？真的一点儿都不爱了？你确定？”

“那你爱我吗？你会一直爱我吗？”

当这些问题问出来时，你已经在传递不信任的能量了。其实这时候，对方的答案根本不重要。重要的是，在这些话问出口时，你有没有认真问问自己：“什么样的我才会问出这些问题？”

是自信的我，还是自卑的我？我到底想要得到怎样的答案？这些问题为什么对我这么重要？我对它们有着怎样的认知？这些认知是真的吗？有助于让我变得更快乐、更自信吗？

每次谈到被欺骗的故事时，“受害人”开头总是：“我不小心看了他的手机。”哪有那么多不小心？！

你要把手机拿起来，滑开手机屏保锁，有的还要输入密码，你还得试密码，然后点开微信或通话记录，翻到对话框……至少有六七个动作需要完成，你说你这是不、小、心？

反正我不信。

每一个动作你都有机会停下来，问问自己：“我到底在干什么？我到底想窥探什么？我是怎样变得这么不自信的？”但是你没有，你无意识地顺着本能反应完成了每个动作。其实，你不如直面自己内心的恐惧，你就是怀疑自己是否值得被爱，所以总在自导自演创作被欺骗的故事，来坐实自己就是不够好、不值得被真诚以待的信念。

比如，你看到对方微信里是被哥们儿约去喝酒了，他三更半夜回来却说被领导留下来加班。

你可以直接告诉他，你知道真相了，但是你却要扮演一个兼具侦探功能的法官，诱导对方撒谎：

“你们老板怎么把你留这么晚啊，是留你一个人，还是大家都留下来了？”

“哦，我们部门有好几个都留下来了。”

“是吗？那都有谁啊？”

你就死死地盯着对方的眼睛，试图捕捉到一些心虚或者愧疚的神情，而伤心的是对方竟然可以如此坦荡地撒谎。你感觉到身体发热、胃部收紧，这种熟悉的、刺激的、伤痛的感觉又来了。

很多人都熟练地玩着这种把戏。无论是对待孩子，还是对待伴侣，都喜欢掌握铁一般证据之后再诱导对方撒谎，然后亲手戳破谎言。看着对方无言以对、无地自容的样子，乐此不疲地享受着这种戏码带来的胜利者的快感。而且，最重要的是在这快感里还有痛感。这种复合型戏剧的强烈情感是小我最喜欢的，而这份痛感其本质，是人们自己创造出来的。

因为拥有这份疼痛的感觉，你又可以稳坐受害者的宝座，手中还掌握了可以操控别人最好的筹码：

“你竟然当着我的面骗我？！”（还有不当面的吗？）

“我太伤心了！”

“我那么相信你，你竟然这样对待我！”

“你太让我失望了！”

只要你成功地激起了对方的愧疚感，这次辛苦布的局就算成功了。你不仅成功地用愧疚惩罚了对方，而且对方因为愧疚，自然就会想补偿。那么，对方在接下来的一段时间就会变得比较“乖”，愿意压抑自己真实的需要和感受来满足你的期待。直到实在受够了，然后反扑，反复循环。

于是，你可以在一段时间内拿到关系中的掌控权。可是，很多人都不知道，**补偿并不是爱，补偿更像是还债，而没有人会爱上自己的债主，愧疚感是关系中最不需要的。**

可是，一旦你开始玩这种游戏，在关系中已经没有爱了，你就成功地把你们的关系变成了一种博弈。于是，双方开始斗智斗勇，你们都会变成身经百战的高手，彼此都会发展出更多的方式来控制和反控制。比如，男人大多选择隔离、冷漠，女人大多选择控诉、抱怨，还有一些男女老少都常用的方式——发脾气和生病。

所有的考验都是一种自我实现，人性经不起假设，而所有对

他人的不信任就是对自己所生活的世界的不信任（每个人的世界感是不一样的，有些人觉得世界很安全，有些人觉得世界很危险），本质上都是对自己的不信任。

内心强大的人面对什么都感觉自己是安全的。内心无力的人，相信自己的弱小是真理，所以自然觉得外面的人都强大，在哪里都觉得危险。因此要处处提防，而且防不胜防。

不要说“我不信任他”，真相是：“我对自己的不信任被他勾出来了。”而更有力的表达是：“我选择把对自己的不信任投射到了他身上。”所以，不要问这个人还值不值得信任，而要问自己有没有力量去信任。

当小鸟在数米高的树枝上安心地闭目休息时，并不是因为它相信树枝，而是相信自己的翅膀。**你并不需要满世界去寻找一个值得信任的人，你只需要找回信任自己的力量。**

别让“随缘”变成无力感的狡辩

人最大的障碍是对自己盲目

不知道从什么时候开始，身边越来越多的人开始谈随缘。

如果说前面的“忍”字大法是直截了当地阉割自己的力量，那么用淡漠、超然的态度或者宗教理论来美化自己对承担生命责任的逃离是相当不错的选择。

不知道自己要什么，似乎什么也不想要。如果需要做决定，他们就会希望从外面得到答案，可以从父母、朋友等那里得到答案，似乎只要那个主意不是自己拿的，就会比较靠谱。

我们深知所有的决定后面都有风险，我们要为自己的决定承担后果。当内在的力量不够时，人们就很自然地希望别人能来帮自己做决定。这是一个侥幸心态的策略，因为让外力来为自己做决定时，我们是可以避开那些在做决策的过程中看到的自己的无力感以及内心的空洞。越不敢面对就越无力，越无力就越不敢要，于是变成一个封闭的循环模式。

有学员问我："如果我想分手，但对方不同意怎么办？"

请允许我先笑一会儿。

你分手还需要征得对方的同意？对方不同意，这手就分不成了？你的意思是对方的态度妨碍了你完成想分手的目标吗？所以没分成，怪他喽？

不如对自己诚实点儿："我还没有力量独自做这个决定，我的决定需要整个世界支持我。哪怕有一丁点儿反对的声音，都会让我动摇。即使是个分手的决定，都需要分手对象支持我才能完成。"

无力感让我们在所有选择面前仿佛被抽走了所有的智商，灵感和直觉更是消散得无影无踪。

人最大的障碍是对自己盲目，不清楚自己到底是谁，就不清楚自己到底要什么。这时，能力越强越危险，因为你很可能会破坏掉自己真正想要的东西而去换取一些以为自己需要的。**而痛苦是一剂让人清醒的良药，被刺痛之后才会有机会看清自己的盲目。**

人类的痛苦只有两种：一种是失望的痛苦，另一种是厌倦的痛苦。

失望的痛苦，让你看到自己对外界那些人或事的依赖，每一种依赖都是内心的一个空洞。这本身没什么，我们活在世上不就是让自己内心的空洞不断被填满，归于完整吗？

被封为日本经营之神的稻盛和夫曾经说过："我希望在离开世界的时候，灵魂能够比来时更好一点儿。"

这些渴望能放下就放下，放不下就去创造想要的结果，无论是物质、情感，还是精神层面的成果。如果在获取的过程中，我们结下了各种因缘，就有机会借由这个过程看清自己。

求而不得是一种很重要的提醒，让我们看到自己在智慧、能力、慈悲、性格完整性上的缺失，期待落空反观自照是最容易发现自己盲点的机会。但是，很多人在求而不得的失望之后，并没有觉知去看到自己的盲点，要么是对外归因，要么只是去做些边边角角的修补工作。

就像一个女人发现自己的老公越来越不愿意跟她说心里话，态度越来越疏远。她也开始意识到了自己有问题，但只是去弄个头发、做个去皱，或者买个礼物给家人道歉。这种行为层面或形式层面上的变化也许在短时间内可以起到一点点细微的作用，但只要不能深刻地意识到自身人格模式上的问题，就无法长久、切实地得到她想要的关系。

而一个人看不到自己内心底层的自卑和无力，只靠名牌服饰或者美容技术包装自己，短时间内感觉心里好像有底了一点儿，但很快，对自己的怀疑和对未来的慌张会更凶猛地卷土重来了。

当你要解决问题时，必须有新的意识维度

没有做到结构性的转变是不会有真正意义上的变化的。这就

像是往馊掉的菜里加辣椒、桂皮等调料，吃起来更容易入口一点儿了，但菜终归还是馊掉的。现实中，大概不会有多少人这么干，但人们在生活中对待腐朽的关系或工作时，就是这么干的。很多人确实是希望在坏掉的菜里添加调料就能获得一盘新的菜。当他们失望地发现这盘菜最终还是馊掉的，会无比失望和委屈。他们会说：

> 我努力过了啊，我所有的方法都试过了，真的！但没有用。

他们在说这话的时候，你能感到一股满满的悲壮感。

其实，他们的所有方法，无非是发现在馊掉的菜里光加辣椒没用，又尝试了加八角、茴香以及所有他们能想到的调料。

爱因斯坦说："我们无法在创造问题的意识维度上去解决问题，因为正是原有的意识创造了你当下的问题。当你要解决问题时，必须来到一个新的意识维度。"

这种意识维度的升级才能带来全新的结果，这也是我前面提到的结构性转变。这种转变是一个工程、是一个系统，它需要精准、深入、持续，且有结构性，也确实需要更强大的改变意愿。

没有意识到解决问题的视角还有其他维度时，我们就会一直停留在原有的维度尝试改变。经历了数次失望之后，许多人转而开始进入一种隔离状态。我能理解，这是人格的一种自我保护，是为了避免感受痛苦。但在我看来，这个损失着实太大了，因为这种屏蔽失望和绝望的痛苦也必然要同时隔绝希望。就等于说，我们自己人为地禁绝了那些美好进入自己生命中的可能性。

这还不是最糟糕的部分。

人有一种本能——会捍卫自己的念头，所以无论之前的决定是基于什么理由，每次动荡的时候都需要靠自我说服来让自己稳定。

逃避虚弱感而回避直面自己的渴望之后，你看似只做了一个决定，但为了让这个决定可以被坚实地贯彻到你生活中，你需要不断地用其他的信念和概念合理化自己之前的决定。

我想起很多年前参加一个禅修营。一位一起修行的朋友在两次恋爱都以分手而告终之后，开始参加各种禅修闭关。那时，她已经单身近七年了。她说："我现在已经不需要亲密关系了，我只要跟我的内在精神有联结就足够了。"

说到"跟我的内在精神有联结"这几个字时，她的下巴微微抬起，嘴角上扬，露出了一抹不易察觉的得意的微笑。

这真的是个很安全的办法。

脑子里想象的形象永远都不会让你失望，但真实的人却会让你体验到失控感。神不会给你真切的回应，所以只要不进入一段真实的关系，你永远不知道自己到底是放下了期待，还是假装放下。**架空于现实的灵性成长，只不过是另一种逃避。**

就像艾克哈特说的："在深山里打坐很容易进入到平静、安宁的状态，但检验你是否真的过关了，回家跟你老妈住两个星期，你就知道了。"

无论是对关系的需要还是对物质的需要，去正视它们就好。

追逐物质没什么可怕的，它只是人们对于贫穷记忆的补偿。物质带来的快感往往超乎想象的短暂，物质满足之后接踵而来的是虚无，虚无会促使人们探寻生命深层的意义。所以，那些文化或意识形态的革命多由富家子弟来主导，从黑格尔到杜威、从亚里士多德到叔本华、从柏拉图到马克思，还有众所周知佛陀和他的俗家身份——一位王子。

在我看来，承认自己有欲望并不丢人，可怕的是虚伪和麻木。当我们不敢直面自己的欲望时，自然就开始粉饰它。这种粉饰会提供一个副产品，这个副产品就是自我的分裂。自我的分裂会带来能力和自信的大量流失。

你会在底层真实的需要和表层与世无争的形象里来回拉扯、挣扎，这本身就是极大的消耗。

当一些大大小小的事情触及你的利益时，你无法磊落地为自己争取，甚至连表达的力量都丧失了。这样的事情比比皆是。

这种拉扯所带来的痛苦太小，很难引起我们的重视，我们生活中不太会常常面对重大事件的痛苦抉择。但是，这种因为内心的分裂而创造出的小剂量的纠结，在你的生活中每天可能会发生无数次。每次的剂量都不大，大概只会消耗 1% 或 2% 的能量，但累积起来却可能让你一天又一天疲惫不堪，成果不多，但人却累得半死。在这种状态下，谈什么创造力、影响力、决断力是很难的。

我记得有一次，我公公到我们家来做客。我公公住的地方在城市的另一端，加上他老来得子，年龄大我足足46岁，平时很难有什么交集，所以我跟他的关系一直淡淡的，仅限于基本的打招呼。那天，公公离开的时候我正在书房看书，没有出去，不想被打断，也觉得那样的告别寒暄有些尴尬。先生送我公公出门之后回来，半晌没有说话。过了一会儿，他坐到我的旁边，跟我说：“今天，你对我爸的态度，我觉得有些不舒服。”

我有点儿诧异，这几年，我们都越来越成熟，感情一直都很好，他很少会这么严肃地向我表达他的不满。

我问他：“你觉得我哪些表现让你不舒服了？”

他说：“我爸难得来一趟，你对他一直都很冷淡，而且他离开时，你连个招呼都没打。我觉得你不够尊重他，这让我觉得我自己也没有足够被你尊重。”

他表达得很直接，也很清晰和真实。

我说：“你知道爸爸跟我可以沟通的共同语言实在太少，这不是他的错，但我也不愿意勉强自己。我不喜欢为了寒暄而找话说，这会让我觉得很不自在。所以，我没办法如你期待的跟爸爸熟络、热情地侃侃而谈。但是，我可以做到对他更礼貌一些。他来我可以起身迎接，他走我可以起身相送，如果有必要送下楼也是可以的。我做到这样，你觉得可以吗？”

他沉默了一会儿，很认真地想了想，说：“嗯，可以。这样我会感觉好很多。”

我抱了抱他，对他说：“很抱歉，今天让你有这样不舒服的感觉。也很谢谢你愿意把这个感觉第一时间告诉我，而不是憋在心里。”

他摸了摸我的头，告诉我：“我知道，你是为了我才愿意这样做的，也谢谢你。”

在我们的婚姻中，现在有很多这样的时刻，既有关心和陪伴，又有尊重和空间，所以现在的我们相处得非常舒适、幸福。这样的亲密关系没有一丝一毫的消耗，而是让我们都得以滋养，可以更好地激发彼此的创造力。当我们的亲密关系来到一个全新的层面时，我们真的成了对方最好的朋友、伙伴、家人、搭档、情人……我们可以彼此信任和支持，同时发生的，就是我们的事业和金钱都有了巨大的飞跃。

我们借由这段关系越来越多地看清了自己，也越来越懂得如何爱身边的人。

以前的我们常常会把不好的感觉压在心里，总是自我安慰：“这些都是小事。”“算了，说了免得惹对方不高兴。”……但是，这些没有被表达和处理的情绪都会一点一点囤积在内心深处，直到一天累积到一个巨大情绪，经由一个极小的触媒事件就连本带利地爆发出来。伤人伤己。

这些沟通、相处的智慧和能力不是我们一开始就拥有的，是在不断地成长和学习之后获得的。

在无数次的失望、愤怒、委屈之后，很多次都有想放弃的念头，但最可怕的放弃不是打算离婚，因为至少那还代表你有重新开始的勇气，最可怕的放弃是认为“婚姻就这样了”。于是，好像别无选择般留下一个了无生气的躯壳在死气沉沉的婚姻里。好像是婚姻榨干了你的创造力，但其实在它放弃你之前，你早已放弃了它。

“你知道什么叫作失败？真正失败的人，就是那种特别害怕不能成功，怕死了，连试都不敢试的人。”

——乔纳森·戴顿导演的电影《阳光小美女》

当我们粉饰自己的欲望而表现出淡薄、寡欲的形象时，就很难给出对他人需要的尊重和允许。即使是行为上允许了，内心依然会涌起一种微妙的优越感。因为在内心深处，我们并没有和人性的欲望和解，我们依然害怕被它控制，于是采用了另一种方式，通过压抑和贬低欲望来换取主导权。

轻慢他人的需要让我们失去建立与他人真实关系的能力，也就失去了与人长久合作，以及影响他人的能力。不敢面对自己需要的时候，自然也无法尊重别人的需要，那么就更不可能与别人建立长久而亲密的关系了。最大的创造力是发生在信任、默契的团队里，无论这个团队是工作场景或是家庭场景。

与世无争的洒脱确实是一种极高的境界。

在佛学里有个词专门描述这种境界——出离心。有出离心会让人生出大智慧，反倒会让人变得更有能力和魄力，收放自如地应对很多事。这正是老子“无为而治”的精髓——在又不在。最好的管理就像空气，你知道它极其重要，也无时无刻不在被它支持着，但却常常意识不到它的存在。能做到这样，就已经达到了大师状态。

这份出离心是基于已经自我满足过，看破并超越了欲望，而不是求不得之后的自欺。如果自己尚且没有到达这个境界，大方承认就好。

学会和自己的欲望和平相处很重要，承认它，尊重它，面对它，满足它，然后才可能超越它。

第三部分

你值得拥有美好的亲密关系

当自己的状态不稳定时，还不如什么都不要做，
因为做得越多，可能会把问题恶化得更严重。

金钱真的是婚姻的照妖镜吗

你能挣钱就会有“金钱优越感”吗

当金钱阻碍了人们某些梦想的实现时，人们就会变得心情低落、丧气，会找人发泄不满，而通常这个发泄对象都是我们的另一半。

在亲密关系里，无论两个人是从不谈钱还是习惯因金钱而争吵；买房还是租房，去哪儿度假，用什么牌子的洗发水，以及讨论30元的咖啡或30万元的汽车……金钱涉及生活的每一个方面。

有读者跟我说，两个人风花雪月、你侬我侬的时候怎么都好，只要涉及真金白银、明码实价的事情，之前的柔情蜜意瞬间荡然无存，立刻剑拔弩张起来。

这样的事情发生得多了就会让人寒心，感觉爱情似乎很脆弱。那些美好的时刻、情话，到底有多少值得信任呢？又有哪些才是恒久、真实的东西？不免让人觉得很幻灭。

难道感情真的经不起金钱的考验吗？这绝不是金钱的错，更不是婚姻的错。

金钱和婚姻都是放大器，它们会把一个人潜意识深处的信念放大并呈现出来。在没有结婚的时候，你可以只活在社会形象中。一旦结婚，你的伴侣会马上清楚地看到你的阴影人格，那些弱点和底层的狭隘念头都会呈现出来。金钱也一样，没有钱的时候，你品格上的毛病可能不明显，或者没有机会呈现出来，力量小，危害也小。一旦你拥有了大量金钱，所有的缺点都会暴露出来，一切都会被放大。

这个世界的超级富翁巴菲特非常诚实地说："从我认识的亿万富翁来看，钱只会让他们显露出本性。如果他们没钱的时候就是混蛋，那他们有了十亿美元之后依然是混蛋。"

所以，事实上我们需要明白，影响婚姻的不是金钱，而是你的金钱观，以及生命观：你内心深处相信钱代表什么，钱应该怎么花、花在哪里；钱和爱是什么关系；你应该怎么给我花，我都是怎么给你花的；花多少钱该一起商量，多少钱可以自行决定；钱赚得多的那个人在家里是否可以有某些特权，还是应该完全平等；等等。

小女儿四岁那一年，我先生跟我说起去印度瑜伽圣地瑞诗凯诗习练瑜伽的想法。要待一个月，他有些动心，但是担心我太忙，公司和家里一个人顾不过来，一直在犹豫。那几年正是我的公司和个人事业的高速发展期，公司市值在三年内翻了近50倍，我的课程也排得很满：写稿，处理公司事务，讲课，个案咨询，开会……有时连午餐时间都会安排各种会谈、会议。

在家照顾孩子的事情也很多，虽然偶尔可以让钟点工帮忙接下小朋友，但是每天早上 7 点 10 分之前就要把两个小妞送上校车，是雷打不动的例行工作，还有晚上小朋友们的洗漱，以及哄她们睡觉讲故事。平日里，早上一直都是先生送孩子们上学，我早上就可以多睡一会儿。还有很多家里的琐事都是他在承担，有时我工作累了想早点儿睡，他会帮忙哄孩子睡觉。

我知道如果他不在家，这一个月对我来说意味着什么。这代表家里没有人可以替换我，工作了一天之后没有喘息的时间，要迅速进入全职妈妈的状态。但是，我觉得我可以试试：一方面，我知道他那段时间状态不太好，需要一个这样的机会放空自己、滋养自己；另一方面，我也想突破一下自己，看看打破熟悉的生活流程，自己能否适应。其实，我对自己还是挺有信心的。

所以在我的鼓励、撺掇之下，先生订了去印度的机票。临走前的第三天，他还有些不放心地问我：“你行不行啊？我还是可以退掉或者改期的。”但是，我依然愉快而坚定地把他送上了去印度的飞机。

后来证明，我可以完全搞定。我还临时决定最后十天带着两个妞去印度探班，顺便带孩子们体验下瑞诗凯诗的风土人情。

因为感受还不错，过了六个月，我也去印度待了一个月习练瑜伽。当年的 12 月，他又去东北雪乡度假旅行，为期十天。他出去的第七天，我带孩子们去我妈家吃饭。吃完饭，妈妈突然问我："他啥时候回？"我说还有三四天吧。我妈有点儿不高兴，说："怎么又出去这么久？今年不是才在印度待了一个月吗？你这么忙，他还老往外跑。"

我说："他平时也挺忙的，是需要休息、放松下。我不是也一样有时需要休息休息吗。"

我妈说："那能一样吗？"

我说："哪里不一样了？"

她顿了一下说："你是那个往家拿钱的人啊。"

我看着她一脸严肃的神情，忍不住笑了："妈，你知道吗，你这个叫'金钱的优越感'，好像赚钱少或不赚钱的人就低人一等，就没有权利休息或享受。这是不对的。"停了一下，我又说，"如果我们的角色反过来，他是赚钱的人，我也一样觉得我可以休息、享受。"

这段话说完，我妈许久没有说话，陷入了沉思。我知道，她听进去了。

以前，我妈对我有很大的影响力。她对我先生的不满会引发我的情绪，会让我烦躁或去跟她争辩，但现在的我走过了那个阶段之后就非常清楚，身边的人会影响到我们，其实是因为内心认同对方说的，才会引发内在的波澜。我们完全身心一致地相信并践行的方向，是不会被别人影响的，甚至会反过来影响他们。

一个人赚钱多少，取决于他和金钱的关系

在亲密关系里，我们很容易有金钱的优越感，或者金钱的卑微感。伴随优越感而来的是强势、控制，伴随卑微感而来的是不安、讨好。

无论是优越或卑微其实都是自身的价值感和力量感不足的表现，才需要把自己的价值和金钱绑定在一起，所以赚钱多的时候就会有力量，但这种力量是虚假的，是通过比较而来的。如果另一半赚得比你少，你就有自信；如果对方比你赚得多，这种自信瞬间就会坍塌掉。

只不过每个人会把自己的价值感和不同的条件绑定在一起：年龄，学历，家庭出生，外貌……只要我们无法全然地、无条件地爱自己，就一定会把自我价值和外部条件挂钩。就会物化自己，当我有用时、赚钱多时、漂亮时、健康时、聪明时……我就爱自己，反之就对自己充满了评判和厌恶。

如果我们无法给出自己无条件的爱，自然就无法给出伴侣无条件的爱，就会物化对方，对另一半的感情就会充满了得失计算。

而且，我们自己的价值感越低，内在就会越匮乏，对金钱也就有越多的攀附心。会不断强化金钱的作用，并把自己对金钱的焦虑或攀附投射到另一半身上。

我记得几年前一次在网上看到一篇文章，讲一个国外的普通女性，怀孕的时候身材变胖走形，精神状态也非常糟糕，几乎要

得抑郁症。但是，生完孩子之后，她开始积极地运动、自我成长，过非常自律的生活。孩子四个月的时候，她的身材就恢复得比分娩前还好。

网上还有她在游泳池边抱着孩子的照片，身材确实棒极了。

那时，这种辣妈网红还没有现在这么多，所以第一次看这个故事，真的觉得满满的正能量，好励志，立刻感受到了信心！但给我留下深刻印象的不是这篇文章，而是这篇文章下面的评论，有不少人说：

“还不是有钱。”

“我要是有钱请三个保姆，我也能瘦得下来。”

“像我们这种没嫁给富豪，只能自己每天带孩子的妈妈哪有时间健身。”

当我看到这些评论时非常诧异，我不知道这些人是怎么看出文章里的辣妈家里请了三个保姆的。

也不知道为什么运动塑身成功与否这件事跟有没有钱变成了因果关系，好像生活中一切问题都是因为没钱才会出现。就像有些男人很喜欢说：“她跟我分手就是因为她嫌我没钱，她就想找个有钱的。”

可是，他们却从来看不到自己性格中的情绪化、多疑、暴躁、粗糙的生活态度才是让对方真正失望的原因。

前面说影响婚姻的不是金钱本身，而是金钱观、生命观。所有的价值观其实就是每个人的信念系统，如果我们相信钱、相信婚姻，就会在物质世界创造出实相来。就如同我在课程里的金钱板块经常谈到的，一个人赚多少钱以及赚钱过程顺利与否，取决于一个人和金钱的关系。**一个人对金钱的信念也会和他对爱情的信念、对婚姻的信念、对性的信念、对男人有关的信念，以及和女人有关的信念叠加起来，彼此影响、彼此强化或抵消。**

有很多信念被当作真理崇拜，很多人会把一个信念当作世界的真理一般去捍卫，以至于不惜付出巨大的代价：婚姻的幸福，生活的快乐、轻松、喜悦……

说一个社会都普遍认同的关于婚姻和金钱的限制性信念：

> 男人赚钱比女人多才正常。如果女人赚的钱比男人多，甚至多很多，那么这个男人就没价值。

当一个信念被广泛认同时，这个信念就会变得异常坚固，成为一个社会范式。以至于人们都不敢去质疑它，甚至意识不到它的存在。

当男人完全认同这个社会范式时，就会背负巨大的压力感。在创造金钱这件事上，男人就没有能力让太太成为自己的搭档，共同承担，共同创造。而且，你还会无意识地轻视对方赚钱的潜力。如果太太赚钱比你多，你也无法放松享受太太赚钱带来的成果，很难做到欣赏、嘉许太太。并且，在其他方面给出支持，甚至会因为内心的不安而把这种能力当作是对自己的某种威胁或羞辱，变得敏感、多疑。这种态度会刺激另一半变得更加愤怒、烦躁或想要逃离。

如果女人完全认同这个范式，认为赚钱就是男人应该做的，就会对另一半有很多期待和压力。当你把赚钱这件事依赖在男人身上，就很难提高自己赚钱的能力。即使自己赚到钱了，也很容易忽视创造金钱这个过程本身所带来的乐趣，而是带着很大的牺牲感和失望感，觉得是因为老公不上进，自己才不得不这么辛苦赚钱。这种态度会导致她身边的男人的能量更加收缩或者隔离。

所有的社会范式一定是滞后的，一个范式代表了它成型和发展的那个时代的生产水平、文化水平。但是，当整个社会形态已经出现巨大改变的时候，人们往往还会习惯于遵循旧有的、熟悉的范式。

从农业时代到工业时代，以及已经来到的信息时代，包括已经开始的后信息时代，在生产创造中依赖体能而带来的优势几乎已经完全消失。在后信息时代，人工智能被广泛投入到社会服务和生产中之后，人类整体的生产力和物质水平将达到一个前所未有的巅峰。来到了这个阶段，整个社会的需求会全面升级，更强有力的生产创造力将会是艺术力、创意能力、洞察力、美感，以及情感的陪伴和联结能力。

在这个时代，女性或拥有女性特征的男性会更有优势。这也代表着未来，女性赚钱的能力会越来越强。陈旧范式已经不适应当下的社会了，但这些限制性信念早就借由原生家庭一代一代的传承而深入骨髓，变成人们人格中的一部分。

这样的陈旧信念、范式还有很多很多。如果我们无法看清这些，并突破它们，那么我们就很难获得幸福。**当你把原生家庭和所生活的地域文化所认同的限制性信念毫无觉知地接收之后，你的精神就像被绑住了一样。不打破这些精神镣铐，连做一个符合自己内心自主决定的能力都没有，根本不可能有力量创造自己想要的幸福生活。**

没有真实，就没有亲密

朝夕相处的对方，让自己看到尚未察觉的模式

亲密感并不会因为两个人的物理距离足够近就一定会产生。有时，两个人在一起的时间很长，或者同吃、同住、睡同一张床，但依然觉得有一道厚厚的屏障横隔在彼此中间，想说的话说不出口，想得到的回应得不到。

在不知不觉中，两个人渐行渐远。人们会很困惑这种逐渐衍生出的疏离感是如何造成的，那些开始时如胶似漆的伴侣在数年之后都变得无话可说、彼此漠视。

这种情况是如此普遍，多到大家甚至以为这是婚姻必然会发生的。放眼望去，视野所触及的婚姻状态几乎都不怎么让人向往。其实，这渐行渐远是无数次压抑下来的愤怒，或者冲突之后的创伤没有及时处理，一次又一次的失望没有被转化……逐渐累积下来的。而每一次的愤怒、受伤、失望都藏着关于我们自己的线索，我们的期待、信念、渴望，心灵底层那些自己都尚未觉察的模式。

前面讲到金钱和婚姻都是放大器，没有一个亲密的、朝夕相

处的人，你底层经由这个客体亲密关系产生的最重要的价值就是让我们真正看懂自己。

讲一个我的客户玖玫的故事。

玖玫是个标准的事业型女人，在一家外企做高管，在事业上一路高歌猛进，但是在婚姻上却坎坷、不顺。第二段婚姻走了八年多，但她依然越走越没有信心。

玖玫最不能原谅的是她老公把钱看得比她还重要，感觉他在钱上斤斤计较，处处算计着。玖玫说她现在在婚姻里早就不指望什么了，反正他们都是二婚，各自有自己的孩子，也不可能真正的亲密、齐心。她现在所有的念想就是儿子。她私底下已经把自己名下的房产还有账户里的钱都转到了儿子的名下。

我问玖玫："你有没有意识到其实你早已不信任他了，你对他的防备，他其实是感觉得到的，不管你的语言是否表达过？当你的心已经远离，而他感到抓不住你的心时，自然会想要抓住钱。不然，他的安全感岂不是要消散得无影无踪？"

玖玫顿了一下，她从没从这个角度思考过，这种视角完全背离了她所熟悉的无助受害者的大背景。

过了几十秒，她强大的防御功能启动了。她说："我以前不是这样的。我以前对他很信任，对他很好。但没有用，他就是这样一个人。所以就这样吧，我也不指望他真的能改变了。我现在在学习怎么去面对孤独，可能这才是婚姻里必须学习的功课。"

从这段话中，我看出玖玫真的是一个智商极高、反应很快的人，她知道自身是有问题的，这个她回避不了，但是她避重就轻地把她的问题归结到“不能面对孤独”上。同时，我也看到了玖玫身上有股倔强的力量，她宁可在未来的几十年都生活在一个彼此隔离的僵尸婚姻里，强迫自己适应孤独，也不愿意放下自尊心去面对自己的弱点、承认自己的伪装，变得更真实、柔软。

为了让她更多地意识到自己的模式，我问她：“你以前都是怎样信任他的，都是怎样对他好的？”

接下来，玖玫跟我讲了好几件事，比如每次一起吃饭都是她埋单，她给先生买的礼物总是一些比较贵的，而她先生给她买的礼物总是些不值钱的东西……

其中一个故事让我印象深刻。

玖玫说他们结婚一年之后，她先生打算买套房子。虽然他们结婚之前都各自有自己的房产，但结婚之后再买的房子，按理说当然属于婚后财产。可是，在签合同前夕，玖玫很体贴地跟先生说：“这房子写你儿子的名字吧，省得日后他心里不舒服，你们生出诸多嫌隙出来。”

没想到，老公真的写了自己孩子的名字。

这件事已经过去七年了，至今玖玫心里都极其不舒服：“虽然是他的钱买的，但是这是婚后资产。他应该写我俩的名字，再不济写他自己的名字也可以啊，怎么能写他儿子的名字呢？”

我问：“那你问过自己，为什么要说那句话呢？”“我只是跟他客气一下，他怎么当真了呢？”

我很直接：“你说这句话是有算计的，希望在对方心目中建立自己善解人意、豁达大方、不在意金钱的形象。同时，你又期待对方在感受到你的大方之后能被感动，拒绝你‘善意的建议’，然后选择你想要的方式。这样，你面子也有了，又能得到实际的好处。”

其实，很多人都很擅长这种把戏。当一个人习惯性地活在自己的社会人格里，就自然会维护这个形象，会常常传递出和内心真实需要相违背的信息。你的表层信息是不在意，但是底层信息却是很在意；明明心里很生气、很在意，但嘴上却说不生气、无所谓。这其实是向对方传递双重信息。而习惯传递双重信息，就意味着你失去了真实的力量。

传递双重信息会让关系中的另一方感觉非常混乱，不知道该如何回应你。他们不知道到底是应该回应你的表层信息，还是应该回应你的底层信息。而混乱之下则是茫然，让人在这种关系里感觉如此不踏实、不真实，不知所措之后接踵而来的则是无力感和挫败感。而没有人喜欢长时间留在挫败感里，为了保护自己避免这种感觉，自然会逐渐抽离对关系的投入度和期待。这时候，关系变得疏离自然就发生了。

所有的伪装都会带来对自我和关系的消耗

当人们为了掩饰自己真实的需要，而刻意表现得大度、宽容、豁达、坚强等时，无论对方有没有满足你的需要，你都获得了某种道德优势。你是一个如此好的人，对方却如此自私、糟糕。这种关系的格局一旦建立，你就获得了可以审判对方的筹码。

从本质上来说，这其实是对关系的一种榨取。

关系建立的基石不仅是对方对你的感觉，还有你对对方的感觉。人们往往只记得维护自己在对方心目中的形象，然而在自己的内心里对方的形象同样需要维护。破坏了自己对对方的感受，本身就是破坏关系。

让我们来假设一个很常见的场景：一个跟你关系还不错的同事要你帮忙带午饭，结果你给他买了，但是过了两三天，他忘记把饭钱还给你了。因为钱太少，所以你也不会太在意。结果过了两个星期，他又找你帮忙带午餐，你帮他带了，可他还是没有把饭钱还给你。也有可能你提了一次，对方说“好的，好的”，结果过了几天还是没把钱还给你。

你会接着找对方再提吗？大多数人不会，会觉得“不好意思”。

因为很多人不想被别人看作是“计较”的人，所以大多数人会选择忽略这个不舒服，于是自我安慰：“算了，他忘了就忘了，我也不差这 50 元钱，就当请他吃饭好了。”

这样的事情很多，小到一顿饭、一杯咖啡，大到一辆车、一套房。

所谓的“不好意思要”，其实是不想承担可能动摇在对方心目中自己的完美形象的风险。还有人可能会说，我怕说了会让对方不高兴，怕开口说了之后会破坏彼此的关系。其实，即使你没有说出口，只要你不愿意直面心里的不舒服，那个感觉就一定会发酵、蔓延。无论你怎么自我安慰，都只不过是暂时把那个“不舒服”压下去了。心里对对方各种评判、猜测已经有了，只不过会等到下一个刺激点，那些积累的感觉才会全面爆发。

每个人的人格模式不同，表现的形式会有所不同：要么直接发生冲突，害怕冲突型的人会隔离、疏远，或者把这个不满释放到第三方身上。也就是人们常说的说某人坏话、吐槽。不过，这个释放出去的能量最后还是会以某种方式回到你身上来。只不过，无论是哪种形式，都是对关系的破坏。

当我们只允许自己的社会人格呈现在亲密关系里的时候，就必然会伪装自己。所有的伪装都会带来对自我和关系的消耗。因为你不能接纳自己全部的样子而自我伪装时，就没办法全然接纳对方真正的样子。你只想在对方身上看到你想看到的部分，那也就意味着对方没办法在你面前放松、真实。

没有真实，就不可能有亲密。如果你对自己的阴影人格有评判，而试图隐藏它，就不可能具备力量创造一个让对方真实的空间。当两个人都在对方面前感到不被允许而有所保留时，这段关系是疲惫而让人不安的。即使你知道对方对你有爱，你也依然会不踏实，因为你无法确定如果对方看到了你的另一面，是否还可以爱你。反之，对方对你的感觉亦是如此。

其实，真实不是想做到就能做到的，就像人们不是想停止焦虑就能停止，不是想给出信任就给得出来的，而是需要建立在力量感和自我洞察的基础之上。如果你都不了解自己，看不清自己每个反应之下运作的复杂动机，而只是随着本能的人格模式给出反应，那么就会一直被一股自己都发现不了、掌控不了的无名力量所操控。在这种情况下，真实根本无从谈起。

如果能看清自己的深度在哪里，那么你能呈现真实的品质就是不同的。

随着你的不断成长，对自己的了解越来越明晰、剔透，你就会发现你成长的每个阶段都以为自己足够真实了，但来到下一个阶段的时候，你又可以看到更深、更隐蔽的模式，活得更真实。同时，更大的力量和更舒展的生命状态也随之向你开启。

没有被训练过的语言习惯会摧毁你与他人的关系

语言是能量转化的特殊媒介

亲密关系就像跳一支双人舞，你进，对方就会退；你退，对方就会进。好的双人舞一定是两个人都在平衡地进退，且在这个过程中双方都是享受且舒展的。如果你发现对方一直在进，在不断跨越你的边界，那么只能说明你一直在后退。反之，如果对方一直在后退、在逃避，说明你一直在步步紧逼。当看到亲密关系中对面那个人出现越来越多我们不喜欢的行为时，我们就会使用一些手段来控制对方的行为，试图把这个行为矫正到自己所期待的轨道上。但是，很有可能这种矫正往往强化出我们不想要的结果。

贝贝跟卫威结婚八年，贝贝一直以来都认为自己的老公是个懒惰又不会关心他人的人。卫威除了偶尔做做饭，其他什么家务事都不碰，而且每次贝贝采购回来大包小包的家庭日常用品，卫威从来都不会帮忙接一下。

贝贝觉得自己这么多年在婚姻里付出了太多，而主要问题都在卫威身上。如果他能开始改变，他们的婚姻才可能真正变好。而我注意到他们两个人走进我的咨询室时，卫威在门口接过我助理为他们倒的水，帮贝贝把水放在了她面前，而贝贝说了句：

“哟，今天好难得啊，在老师面前就是表现得不一样。”

后来，我提醒贝贝的时候，她甚至完全没有注意到自己说过这句话。即使在我提醒后，她回忆起来，也不过说了句：“他本来就从不关心人，这么做还不是想在别人面前表现。”显然，贝贝不认为这样说话有什么问题，也完全意识不到她的伴侣对待她的态度和她一直以来自己的说话模式有关。

贝贝让我想起有一次在餐厅里，我看到一位妈妈一边擦拭孩子身上的水，一边训斥孩子：“……你怎么会做这种事呢？在做事之前能不能用用脑子？跟你爸爸真是一个样儿！”而坐在旁边的爸爸一脸难堪。

在我们家庭里，“贝贝们”的语言模式是非常典型的，他们的话语随时随地带着攻击性。虽然每次剂量不大，但是这种高频率的、突如其来的冷嘲热讽或含沙射影的挑衅式语言会极大地破坏关系里的信任和联结感。这样的话一说出口，联结立刻就断了。

很多人在很亲密的关系里都是非常无意识的，长期处在对自己的情绪和语言毫无觉知的状态。虽然很多人天天嚷嚷着要幸福、快乐地生活，但是他们自身的行为却只会把结果带到相反的方向。“贝贝们”的语言其实是在用一种非正式的小剂量方式释放自己的负面情绪，表达过去生活中所积累的不满。这种方式只是纯粹的发泄，没有任何建设性意义，还会不断地强化伴侣的负面特质。

语言是力量非常强大的媒介，把我们的能量转化到可见的现实层面。

所以，我一直提醒大家，不要在能量低的时候做决定。这个时候，要尽可能地少说话、少行动，因为处在低能量状态时，我们的语言、行为、决策都是匹配那个低能量状态的。当我们说话、做事时，会通过语言或行动把低能量传递到这个物质世界，而我们所给出的最后都会回到自身来。

我有一个朋友叫宝儿，是位非常知名的导师。她跟我讲过一个她和她前夫的故事。他们还在一起的前几年，每次前夫生日或者他们结婚纪念日等特殊的日子，宝儿都会买礼物送给他，可每次前夫接到礼物时的反应都是：

> “这个多少钱？这么贵，我在 ××× 买的能比这个便宜一半儿，你真是不会买东西。”
>
> “我已经有一条这种颜色的领带了。”
>
> “我要袖扣有什么用？你没发现我从不用这玩意儿吗？”
>
> “我哪有时间去旅行，最近忙得连睡觉的时间都没有。”

可想而知，后来宝儿再也不送他任何礼物了。宝儿提出离婚时，她前夫还说自己这几年过得多么辛苦，老婆连块儿肥皂都没给他买过。宝儿转述这话时说："我要是真送给他一块肥皂，估计他能为这事儿损我一年。"

每个人都有属于自己的世界，都拥有自己的人际关系，每个人的世界都是被自己一点一点用语言、行动，包括每时每刻最微小的决定所铸就出来的。我们虽看不见言辞，它们却是一种重要的能量，充满在房间、家庭、环境和我们心里，身边的语言会渗透到我们的生命中。说得通俗一点儿，每个人的命都是被自己说出来的。

注意你的思想，它会变成语言

很多人都有一些糟糕的语言习惯，这些语言模式大多从我们的原生家庭延续而来。但是因为一直浸泡在这种环境里，所以常常意识不到这些模式的存在，更意识不到它对我们的关系和对世界所造成的巨大影响。

有五种常见的糟糕语言习惯：

冷嘲热讽；

以否认开始回应；

琐碎而频繁的催促；

习惯性评判；

习惯性讲道理。

冷嘲热讽非常常见，除了前面贝贝的典型表达外，还有：

“今天真是太阳从西边出来了，你竟然把厨房收拾了。”

“你嘴今天怎么这么甜啊，是不是做了什么亏心事啊？”

“你的手多金贵啊，怎么能做这种事呢？算了，还是我来做吧。”

以否认开始回应，很多人习惯性喜欢以反驳或质疑对方为一句话的起始：

“不是这样的，其实……”

“不一定……”

“你怎么知道就一定是这样呢……”

如果你问他：“你说这样的话希望传递给对方怎样的信息？达到怎样的目标？促成怎样的结果？”很多人是答不上来的，因为他们从未想过这些问题，只是这样说话习惯了。至于这样的表达会造成怎样的结果，会不会破坏关系，会不会损失彼此的信任，会不会消耗对方付出的意愿，对方当下的状态是否有接收这样信息的能力。这些他们是不管的。

这种表达实际上是在呼求爱，但含有太多的攻击性，而且是一种完全无觉知的状态。每个人都会渴望自己的期待被满足，无论这个期待是被爱、被关心、被重视、被陪伴，还是物质层面的——渴望获得更好的物质生活、赚更多的钱……在还没有力量真的放下期待之前，所需要做的就是为自己的期待负责任，遵守这个娑婆世界的基本规律，学会如何用有效的方式来获得自己的需要。

“谢谢你，你能一起收拾厨房，我好开心。”（直接感激以及表达自己的正面感受。）

“我觉得你也很好，而且好喜欢听你夸我。”（赞美对方，同时表达自己的感受。）

“你今天也累了一天了，我来做这些吧，你好好休息一下。”（真诚而直接地用语言和行为表达爱。）

习惯性讲道理看似没有很大的危害，但是如果伴侣双方有一个人总是喜欢用讲道理来回应对方，引经据典、旁征博引、头头是道，比如：

"行政部门的同事总是不配合我的工作，好烦啊。"

习惯性讲道理的人会回应："你分析一下为什么对方会这样呢？你那个同事是对每个人都这种态度吗？你烦，对方就会配合你吗？你采取什么行动让对方愿意配合你呢？其实在这种情况下，你可以……"

这种沟通方式会让人很沮丧，因为**很多时候家人之间并不需要对方来给自己提建议或解决方案，而只是单纯地希望被关心、被抚慰，希望自己被看到、被接纳。**但是，如果没有这种意识，只是想出主意赶紧解决问题，让对方恢复到正常状态，其实是因为自己承载不了对方的情绪。

这种情绪会给倾听的人带来很大的压力，为了避免这种压力感，于是他用自己熟悉的理性方式"修理"问题，这样他就不用面对一个有情绪的伴侣了。可是，伴侣如果得不到自己想要的情感的抚慰，只是得到一些冷冰冰的建议，就会感到更孤单和挫败，可能会用更强的情绪剂量来刺激对方，于是很可能会进入一个情绪化→隔离理智→更情绪化→更隔离理智（图 1）这样的死循环。

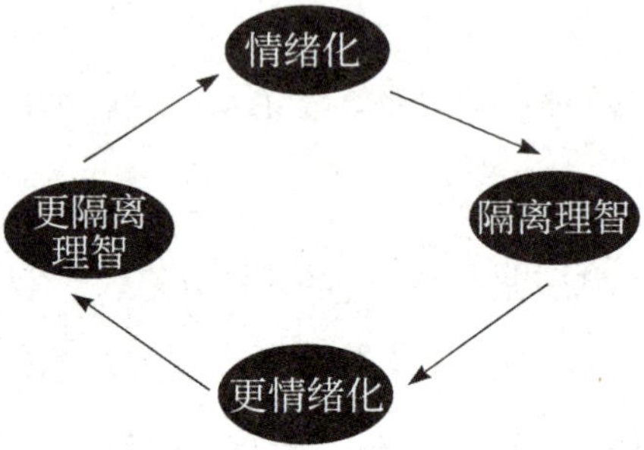

图 1　情绪图

有人会说，改变这么多年的习惯好难啊。在这一点上，我从来不否认，这肯定不是一个简单的过程。一种思考模式和语言模式被使用了几十年，早就具备了强大的惯性引力，相比一个刚刚来到地球的新生儿，在空白的情况下学习新的语言模式，要改变以前已经形成的固有模式肯定是一个艰难的过程。但基于它的价值来说，这真的太重要了，可以说改变新的语言模式会改变你的命运。

我们终归是自由的，所以学会做出清晰的选择以及能承担选择所带来的结果就变得很重要。

如果真的不愿意花那么多时间和精力来学习如何建立一种全新的表达方式，我们就需要为自己这个“不愿意”带来的结果负责。无论你愿不愿意，你都会为你的选择承担那个结果。如果你都不愿意为自己的需要付出，却期待别人来满足你，这本身就不符合宇宙规律。每个人对待你的方式都是根据你对待自己的标准值来回应的，如果你对自己的需要都不愿意负责任、不愿意付出，别人就会更不在意你的需要了。

很多人发现很难管理自己的语言，有些话总是会脱口而出，等造成巨大的破坏力时已经来不及了。行为是具象的思想，思想是抽象的行动。语言是行为的一种，在说话之前，已经先有积累的情绪和想法了。每一个升起的念头都是一股能量，这些念头累积的强度大了会形成精神和身体的整体反应，这就是情绪。所以，**管理语言本质上是管理能量。**

比如，冷嘲热讽和评判都是攻击性能量，催促是内心焦虑的能量，否认和习惯性评判是封闭且傲慢的能量。

如果你一说话，话语里就会携带这些负面的能量，就一定要仔细觉察、思考那股攻击或者评判到底和什么有关。

当我们想成为一个真正有影响力的人时，必须先和你的沟通对象建立起信任、平等的关系。没有这个前提，所有的影响都不可能发生，因为对方感觉你的评判时会启动防御机制，会把心门关上。这个时候，无论后面你说什么，无论你说的内容多么正确，对方都会拒绝接受。

所以，在工作坊里，我常常会花大量的时间训练学员去觉察情绪底层的结构，而不是习惯性地顺着本能的情绪把话丢出去。有时，这个过程会有一些反复，毕竟任何一种模式都是有惯性的，想要建立一种新的思考模式、语言模式是件不容易的事情。找个好教练支持自己会高效很多。有时候，**暂时接纳不了对方，先学**

会接纳自己的不接纳也很重要。同时，**给自己一些时间，给自己更多的耐心。**

> 注意你的思想，它会变成语言。注意你的语言，它会变成行动。注意你的行动，它会变成你的习惯。注意你的习惯，它会变成你的性格。注意你的性格，它最终会变成你的命运。
>
> ——哈尼·鲁宾

面对伴侣的不忠，如果分不开，还有多大希望真正好起来

你的内心是否有足够的力量

很多人在发现伴侣出轨时都面临这样的选择：分还是不分？究竟要不要原谅？

不忠的范畴很广，精神或肉体，每个人面临的具体状况不同，也许是伴侣和同事的暧昧聊天或是和前任的藕断丝连，或者是跟其他人的感情纠葛不清，甚至有实在性的长期关系。无论是哪一种，都让你感受到了巨大的威胁感。

其实，有过此类经历的人找我以前，已经问过身边很多人。身边的人会从不同角度给他们不同的建议或忠告。他们往往会听到无数个版本的利弊分析：理性的，感性的，悲观的，乐观的，宽大处理的，严惩不贷的……然而，他们还是会陷入深深的纠结中，在两个不同的选择中来回摇摆，不知如何是好，不确定究竟哪条路可以通往幸福的未来。

当这样的事情发生之后，纠结这个问题的核心其实只有一个：我做的选择，我希望得到一个确定感。这个确定感无非表现

在两个方面：

如果真的原谅了，我怎么保证这样的事情不会再次发生。

如果选择分手，我如何确保下一段关系不会再次发生这样的事情。

在发现伴侣不忠之后，人们面对的两种选择确实都有不小的挑战。

无论是留在原来的婚姻中，还是独自面对全然陌生的生活，需要的东西都是一样的——内心足够的力量感。分开独自面对未知的生活需要力量，原谅对方重新给出信任同样需要力量。

如果以前安全感不够、力量匮乏，自己尚未意识到，并没有去直面它，而是指望让亲密关系中的另一个人带来安全感，然而最后发现，任何生命的功课，没过关的就是没过关。它一定会在你的生命中呈现出来，想绕过去或者逃开是一件根本不可能的事。无论是选择留下还是离开面对不确定的未知，都不是容易走的路，也没有哪一条路可以避开自己需要面对的功课。

当亲密关系面对忠诚挑战时，人们会有那么强烈的情感反应，是因为这个级别的事件会直接指向我们最核心的功课。

当一个人冒出来，分走你伴侣的时间、注意力和情感时，在愤怒和受伤之下其实更隐蔽的、更核心的、更古老的主题被引出来了。

被抛弃（我不值得被爱）

被孤立（我不属于这里）

被忽视（我不重要）

被比较（我不够好）

被掠夺（我是匮乏的）

这些感受也提供了一个关于你自己的非常重要的线索：一直以来，在意识深处，你是低价值感、低力量感的。而且，过去你并没有自己的“造血”能力，而是依靠伴侣来为自己“供血”。

我们把另一个人对自己在意、全心全意的程度和自我价值感完完全全地绑定到了一起。在很多人的内心中都有一个这样的公式：

伴侣在意我的程度 × 按我想要的方式表达出来 = 我的自我价值（我够不够好）

这种价值链条会极大地夺走你的力量感。

要重新拥有自己的“造血”能力，就必须把你过去在亲密关系中相关的信念、执念，把自己的价值绑定在某种特定关系中的价值链条全部打碎重建。这种重建就是新生命和新世界的重建。

我知道这是不容易的，但并不代表做不到。事实上，有很多很多人已经做到了，我做到了，而且我的成千上万的读者和学员也做到了。如果有那么多人都能做到，我相信你也可以。这些已经做到的人并没有特异功能，也并不是最优秀的，唯一共同的地方是他们都不想再重复以前的生活模式，而愿意为自己的生命的改变全然负责了！

而且，一旦做到，你就会发现这是世界上最有价值的事，因为那不仅仅会改变你的亲密关系，还会全面翻转你的生活。**生命的深度是共享的，一旦一个生命领域被彻底打通，其他领域也必然达到一个全新的维度。**

当这个价值链条因为对方的出轨而被强行打碎时，首先要做的是借由这个机会老老实实地面对自己内心隐藏在愤怒之下的挫败感、无力感，那种想抓住却什么也抓不住的感觉，而不是又到过去的模式中，试图去控制事情，或者把注意力全部放在外面。不是和外面那个人竞争，小我很容易对外归因，把那个不该出现的人当作假想敌，仿佛是他的出现搞砸了你的生活，是那个人在掠夺你的伴侣对你的爱。然而，我们需要明白的是，在伴侣外遇实际发生之前，你的心也早就离开了。

两个人也许还维持着表面的一切正常，然而早就不知道有多少暗潮汹涌了。如果我们愿意看到，在事情真正发生之前，就会有很多征兆。只是我们要么抱着侥幸心理去回避深层次的思考和触碰自己的问题；要么让自己变得麻木、粗钝，丧失掉对很多东西的敏感度和感知力。

当这样极具戏剧性、冲突性的事件发生之后，人们再也无法选择视而不见了（也有少数人能继续忍受，直到下一次发生更大冲击的事件）。

如果能坚定地分开，决定对过去、对未来自己负全责，看清了自己的模式和问题，不再把自己摆在受害者的位置上，当我们内心真的经由这段关系看清了自己，只是没有意愿再留在原来的亲密关系中，能够带着祝福平和地和对方分开，勇敢地面对未知的生活，其实也是非常棒的一种选择。这种分开，也会在未来慢慢成长，让我们获得力量。

如果内心深处还是割舍不下这段关系，想继续走下去，那就借由这段关系好好地做自己的功课。**当你有一个全新的状态，你的思考方式、情感模式、能量状态发生全面改变时，你身边所有的事物都不可避免地会发生变化**，你的伴侣当然也包含在其中。

能给出信任，是内心强大的表现

很多言论声称，出轨只有 0 次和 100 次的区别，遇到这样的人千万要坚定地离开！这种言之凿凿的预言和建议似乎很有说服力，但当你真的选择相信这种归因方式时，确实会觉得自己在这件事上是无辜的，自然也不需要为事情的现状负责任。而且，你会感觉命运的不公让自己碰到一个携带这种“基因”的人。除了自责自己眼瞎之外，只会感受到深深的无力感，也看不清这个结果是如何被自己的模式推动而让事情发生的。

习惯了用这种武断、粗浅的视角看待问题会极大地限制我们观察世界的深度，无法洞察事情的本质。这对自己的成长没有任何帮助。

这种说法是建立在一个人的行为和态度是孤立的假设之上，正如我们在前面章节里讲过的，你的模式和观察视角会激发、强化你身边人的某种特质。他们当然也有自己的功课，不断强调对方的问题其实没有意义。对方确实有自己的问题，但别人的问题多，不见得你自己的问题就变少了。各人的功课各人自己做。

即使真的决定要分开，也是持有对自己全然负责的态度，分开才有意义。否则，在关系里受的苦就白白浪费了。

你们刚刚在一起的时候，你们有过很亲密的阶段，但是为什么还是一步一步走向疏离了呢？到底是你们关系上的疏离造成了现在的状况，还是真的只因为出现了一个人，所以才变得疏离？只要那个介入的人消失了，你们的关系就安全了？

归因能力取决于归因者观察世界的深度，观察问题的深度也决定了解决问题的深度。

另外，当人们选择原谅时，很容易带着一种居高临下的道德优越感“施舍”给对方，仿佛给了对方巨大的恩惠。同时，还会伴随着一个附加条件——要求对方保证彻底跟那个人断开，且永远不再发生类似的事情。

而我想说的是，就算对方真的愿意给出这样的保证，这个保证真的有意义吗？就像很多孩子犯错误——尿床、打人、撒谎，父母会严厉地说："保证以后不可以再犯了，听到没有？！"孩子会带着愧疚和恐惧哭着说："嗯，以后再也不会了。"然而过了一段时间，孩子可能又会犯和上次同样的错误。这时，恐怕父母会给孩子贴上一个"说到做不到"的标签。

要求一个犯错误的人给出一个"再也不犯的保证"这种做法非常普遍，所以几乎没有人质疑这种做法是不是真的有价值。事实上，要求保证，其实是占据某种优势的人向另一方强行索取的行为。

喜欢赌咒发誓的人，之所以会这么干，是因为身边的人吃这一套。越是没有安全感的人，越喜欢控制，也就越喜欢要一些保证类的东西，无论是文字的还是口头上的。似乎得到了一个保证，就真的得到了感情的免死金牌。事实上，承诺和保证没有任何意义，因为人的内在是有很多分裂的——内在父母和内在小孩、社会人格和阴影人格在不断地发生冲突和相互拉扯。保证的时候是真心的，做不到也是真心的。"鬼使神差"这个词就是在形容那些被内在不知名的力量控制时的状态。

你告诉对方："我可以原谅你，但你要保证以后……"这其实是一种诱惑。对方为了取悦你或者急于获得原谅时，会冲动地给出你想要的承诺，但并不会真的去清晰地评估自己是否有能力做到（或者面对你根本不敢说真话）。当你用这种诱惑要求对方进入一个自己的能力根本无法涵盖的范畴时，也是在某种程度上削弱了对方的力量感。

对方会因为自己一次又一次的食言而感到愧疚、对自己感到无力和憎恨，甚至破罐子破摔，最后彻底放弃。内心会对你给出的诱惑产生巨大的愤怒，而这种愤怒也会不可避免地蔓延到你身上。为了增加一点点自己对未来的信心而索取一个保证，对你们的关系并没有正向的作用，只会让你们之间彼此的不信任和怨怼加深而已。

我们需要明白有意愿是一回事，有没有能力做到又是另外一回事。连你自己都常常会在原谅还是决裂中左右摇摆，无法做到自己所期待的坚定、平和。

信任同样也是种能力，不是头脑有个意愿想信任就能信任的。

当我们能真正给出信任时，代表在信息、情感、能量三个层面全面过关才可能真正身心一致地做到，而这是需要长时间的学习和练习才能做到的。否则就会出现极不稳定的剧烈反复，某个状态好、能量高的时候感觉可以给出信任，然而下一刻，有任何和你期待不符的事件发生时，所有的怀疑、担心又涌现出来，头脑演绎出的故事又变得那么真实。在这一刻，你的信心是无法持续的。自己给不出来，期待对方能给你，最后发现只会彼此更加失望。

能给出信任，是内心强大的表现。所有的信任来自自己内心有种坚实、强烈的笃定感，这种对自己深厚的信心会不可避免地扩展到我们所面对的人身上。当你体验到对他人的信任时，本质上都是自我信任的一种延伸。所以，你是不可能在对自己不相信的前提下去信任别人的。在这种情况下，你能给出的都是假信任，这种假信任是被包装过的控制。这种信任给身边的人越多，身边的人压力就会越大。而你每给出一次信任都会带着浓浓的付出感，进而会提高对对方的期待值。内心深处的潜台词是："我都这样宽宏大量了，你难道不应该感恩戴德，表现出我想要的样子回报我吗？"

然而，很多人在假信任却不自知。最后，他们会非常受伤地说："我这么信任他，他却一次又一次地辜负我。"这种一直在假信任的人，不仅会感觉被伴侣辜负、朋友辜负，甚至会感觉整个生活都辜负了自己。

我们需要做的，是在这些自己生命中发生的一次又一次不断轮回的戏码中找到那个源代码。

是你把辜负你的人创造出来的，从一开始你用信任作为筹码要求对方给出一个"保证"，这种结局就已经注定了。

当我们看清了自己的模式是如何创造出这些故事时，要做的是先面对自己的不安全感，面对自己的力量感目前尚不足够，承认它，把责任收回来。

你可以告诉对方：

我不需要你保证什么，我不能要求你做连我自己都做不到的事，就像我不能保证任何时候我都永远能接纳你或支持你。发生这样的事情，绝对不仅仅是你一个人的责任，是我们需要共同面对的功课。让我们彼此给对方更多的时间和耐心，两个人一起去成长、去寻求支持。我相信如果我们能跨越这件事变得再次亲密，我们就会变得更加成熟和有力量。

当你能说出这些话时，哪怕只是在心里说出这些话，你的力量感就会提升，对自己和未来的信心都会扩展！

能给美好未来的保证只有一个：每个当下你选择的态度。

男人搞不懂女人？
其实，男人也不懂他们自己

补偿不是爱，你不可能用补偿的方式替代爱

很多男人认为自己的婚姻出现了问题，就无法面对也不想面对，所以决定在工作中去努力。他们把生活切分成不同的板块，说：“哦，虽然我的婚姻失败了，但至少我在工作领域还是成功的。”然后，男人用工作上赚的钱补偿自己的妻儿，让他们过高品质的生活，以此来平衡你内心的罪恶感。

不，这是不可能的！

心是不算账的，只有头脑才会算账。

无论是在课程上还是在过去的文章中，我都不止一次说过：补偿不是爱，你没有给出爱就是没给出爱，你不可能用补偿的方式来替代爱。无论你用多少物质来补偿，最后对方的心依然是空的，因为你从来没有给过对方真正的爱，根本的原因是你从来都没有真正地填满过自己的心。

你以为你逃走就不用面对了，但事实是你根本无处可逃。宇宙中的事物是互相联系的，生命也是全然统一的。只要你还是原

来的你，你人格的模式和心灵的空洞还在，所有的问题就都不可能消失，只是换一种版本呈现出来罢了。

如果你有了外遇，你对你的外遇对象说："我不打算把这件事告诉我的太太，这和她没有关系，这是我俩之间的事。"

那么，你根本不明白生命是什么，甚至不明白生活是什么。**你是你生活的造物主，你决定了你生活的方方面面**，无论你意识到没有。

你以为不告诉太太，你的生活就没有影响吗？你把你生命切分成越多的碎片，保守越多的秘密，你就把生命的力量给剥离得越多。而平衡的创造是需要足够量级的生命力才可以达到的，否则你所有的成就都不是真正的创造。即使事业有成，赚了一些钱，充其量只能算是一种能量转换，消耗家庭或健康，最后不是和至亲的人形同陌路就是累垮了身体。更糟的是扭曲了自己的心灵，你会变得冷漠或者戾气十足。

这个世界根本没有完全独立的个体，空性和妙有本身就是不二的，意识和物质也从来不是两种分离的存在。

究竟是你做出了那些选择，还是那些选择铸就了今天的你？这是个无法回答的问题。你既创造了那些创造物，最后你的创造物又决定了你是谁。你既是画布，又是画笔，同时还是画本身。你是作画的人，也是看画的人。

所有的经验都会带来某些感受，那些你常常体验的感受构成了你的人格的基本模型，最终决定了你是个什么样的人，你会拥有怎样的生活。

在电影《盗梦空间》里，盗梦者说："一个念头就像一颗种子，只要它植入了人们的头脑，就会自己生长。"念头会不断地生长、自我复制、自我强化，感受也是如此。如果你总是在控制，那就意味着你常常体验到的是失控和不安，所以你就会有很多的控制。如果你是一个团队的领导，管理团队的每一个细节，小到一个宣传单页的字体和标点符号，大到自己动手优化招聘流程，那么你的团队就会更依赖你，成长速度更慢，出错更多，更害怕承担责任。结果，你就体验到更多的失控和不安，你就控制、介入得更多。只要你拒绝去面对自己的感受，逃避改变内在的模式，而总是试图去改变你的团队，问题始终都会在。

事实上，无论是养孩子还是带团队，原理并没有太大的区别。如果你的孩子健康、自信、有活力，那么你的团队一定也是如此。反之，如果你的孩子撒谎、自卑、没主见，那么你的团队也一定毫无力量，人人都在推脱责任、抗拒任何变化和挑战、害怕风险和承担。

这就是我一直在说的，生命是全然统一的。你不可能把隔离门关上，说："OK，我只要把问题锁定在婚姻这个生命领域中。我不管它，我只要保持其他领域的良性发展就可以了。"不不不，这是不可能做到的，迟早你内在创造出婚姻问题的人格模式会继续蔓延到你的所有生命领域——事业、友谊、健康、金钱、原生家庭……直到你面对它为止。

当然，我并不是鼓励所有人在经历婚外恋的感情时，无论是精神还是肉体上的，都必须第一时间告诉自己的伴侣。就好像很多来找我做个案咨询的访客总会问我：“是离，还是不离？”我的态度一直都很明确：离或不离，分或不分，说或不说，这些行为层面的抉择从来都不是重点，重点是你在做这些抉择时内在的感受是怎样的。如果离婚，同时是带着祝福和感激、是释然和希望，那么这就是你功课完成的标志。如果是带着满满的挫败感和怨气，留不留在婚姻里，都是编剧和导演没换，只是换个跟你演对手戏的另一号主角而已。最后的结局并未有太大的不同。

只有自己更稳定，才能给对方支持

我的学员读者或是来访者大部分都是女性，女性确实整体都容易焦虑和想要控制，但女性在面对自己内心感受时却普遍比男性更为勇敢。这有多方面的原因。一方面，女性的集体意识里承受了太多折磨和痛苦，很多女性终其一生都活在性别的阴影里。而痛苦到了某个临界点，必然会走向觉醒。

另一方面，从狩猎时代到农业时代，再到工业时代直到现在，男性因为生理上的优势一直在社会中占主导地位，这也导致男性长时间以来在家庭和社会中一直承担核心生产力的角色。在这种情况下，男性获取资源要比女性容易得多。在很多家庭中，往往一个男孩一出生，最好的资源就会涌向他，甚至不需要他做什么。所以，男性得到了很多从社会文化传统中的既得利益。

然而，丰饶和诅咒往往是同时发生的，因为女性在社会文化中没有地位优势，所以社会只会崇拜男性力量。一个个体或是群体被放在一个过高的位置上时，他（或它）其实也就失去了自由。

而在我们的社会文化中，对一个男人极大的否定就是“没有担当”“不负责任”“靠不住”“没用”。当然，还有最终极的一句囊括以上所有的形容：“你就不像个男人！”所以，男人从有这个身份开始，就天然背上了整个家庭和社会，包括他们对自己的期待。认同“男人是天”“男人是一家之主”等信念体系的男人，成功地把自己搁置在“神坛”上下不来。

他们必须奋斗奋斗再奋斗，必须表现得坚强和成功。他们没了其他选择，不敢示弱，不敢休息，不敢求助，不敢哭泣，不敢触碰自己的内心情感。所以，我们身边的男人们如果想要休息或者示弱，就只有生病这一条出路。这真的不是一件好事。如果男人疲惫不堪，女人也是无法幸福的。

没有选择就意味着没有自由，没有自由就意味着不会发展出内心真正的力量。没有力量会怎么样？没有力量最突出的表现就是当挑战真正来临的时候，他们会选择逃避而不是面对。

很多男人不怕辛苦，不怕流血、流汗。这在农耕时代和工业时代，都是很重要的品质，但随着人类进程来到信息时代乃至接下来的心脑时代，需要人类完成的粗钝而沉重的工作或生活内容已经降到人类历史的最低水平。所有粗钝的工作都将交给机器完成，甚至连头脑能完成的计算或统计工作都会由人工智能来完成。

男人们早就习惯了“打落牙齿和血吞”。我一点儿也不怀疑，如果有战争来临，我们的男人们一定会冲上战场，或站出来保护他们的家人。但是，问题就在于，如果战争一直不来呢？如果我们将会很长时间都生活在和平、安定的环境中呢？

所以说，人类唯一在这个时代优于智能机器的部分——情感，对于很多男人来说，还是一片蛮荒。他们害怕亲密又害怕孤独，不了解自己，亦不理解对方，自然不知道怎样应对关系的问题。一旦关系出现问题，大部分男人就会用逃避的方式应对。

他们躲进工作里，躲进游戏里，躲进网络里，躲进宗教里，躲进业余爱好里，或者开辟一个或多个相对安全的短期关系躲进去……

最后，连逃避都不要逃避，连当面说分手的勇气都没有。这也是为什么男人更热衷于科技的原因，因为科技确实可以帮他们更好地逃避。所以，可以电话分手、QQ分手、短信分手、微信分手……或者直接不告而别，去超市买牛奶、出差、倒垃圾……然后就直接消失了。

在逃避这件事上，男人们还是很有创意的。

最后，他们终究会发现，其实无处可躲。

所以，让我们来谈谈如何面对吧。

作为男人，首先要做的是开始深入地探索自己，质疑那些曾经觉得理所当然的信念系统。例如，男人就是 ××× 的，女人就是 ××× 的，男人就应该如何如何，女人就应该如何如何。然后多问问自己：这都是真的吗？这是人类世界的真理吗？有没有不同的文化，的确对男性和女性的期待完全不同呢？我一定要求自己符合别人对我的期待吗？我一定有资格要求他人符合我的期待吗？

当内在那些制约性的信念系统开始松动后，我们才有可能慢慢体验到自由的感觉。当你自由了，你才可能去创造你内心深处真正想拥有的生活。否则，你根本不知道自己现在的生活是别人期待你过的，还是你自己想要的。当你找回自己了，你才会拥有力量去冒险、去面对挑战！

另外，要学会尊重女性。当你看到对方情绪化、依赖、控制、焦虑等时，只要明白这是人性的一部分，和对方的成长环境及原生家庭有关，但不要把对一个人这么做的缘由归因为——“女人都这样”。这会带来性别的优越感，这种傲慢心理可能会让你获得短暂而虚假的力量感，但这种观察视角会带来对阴柔性力量的评判。而一旦产生评判，就会抗拒自身去学习这个部分，也就丧失了使用这种资源的机会。

当然，并不是女人就一定具备阴柔性力量。很多女性因为对自己的怀疑和不接纳，想要符合养育者和社会的期待，会无意识地把自己变成如男人一般强硬、控制欲强，甚至有过之而无不及。

而且很多时候，女性对女性的批判比男性对女性的批判还要多。

而作为女性，如果恰好身边有一个用逃避面对问题的男人，我知道这是很折磨人的。也因为痛苦，所以更想用力扯着对方的领子逼他面对。但是很多时候，这种逼迫只会让对方躲得更远。两个人都会很痛苦。

这个时候，女性需要做的是尽快让自己成长，让内在变得更有力量。**只有自己更稳定了，才可能给对方支持。当关系中的一方在快速成长时，另一方自然会逐步跟上。**如果对方的灵魂就是想体验痛苦，不想成长，那么这段关系就会无痛地自然瓦解。你也会吸引那个跟高能量的你所匹配的人来到你的生命中。

不要觉得这是抛弃，想体验小我的戏剧性狗血剧情的人自然能找到陪他们玩的人，你不用担心。

当你真的到高能量状态时，你根本没有兴趣陪任何人演悲情狗血剧，忙着创造和享受生命都来不及。

看明白自己，你就具备了洞察他人的能力

人和人的差异比人和猴子的差异还要大。同理，男人和男人的差异比男人和女人的差异还大。

不要试图用一个显而易见的标签来区隔世界，并以此作为认知世界的准则，不管这个区隔是通过性别、地域、年龄、职业等

任何人们自以为有效而可靠的方式来划分的。

我见过很多男人，也见过很多女人，他们真的都非常不同。有的男人把家庭看得非常重，而有的男人则恐惧承诺，对家庭不信任；有的男人非常固执，有的男人完全牺牲自己为家庭尽责；有的男人没有安全感时会控制别人，有的男人会选择逃离……

我真的没办法用一篇文章或一本书讲明白我们身边的男人或女人，但有一点我可以给你确定的答案：一个男人呈现出什么样子，其实和与他相处的女人有关，一个男人在不同的女人面前会表现出完全不同的样子。同样，一个女人在不同的男人面前也会呈现出不同的样子。而且，即使是和同一个人在关系的不同阶段，比如在蜜月期、权利斗争期、死寂期、伙伴关系期，两个人的格局也都会发生变化，对方回应你的方式同样会不同。

我们作为关系的主体，对方作为关系的客体，我们是不可能撇开主体来单独谈论客体的。你会吸引某种类型的男人来到身边，是因为你是这样的你，而另一个女人即使遇到了这种男人，也不会跟他发展出什么故事，或者发生的版本是不一样的。如果我们经历得多一点儿，就会发现，每个人生命中的故事总有某种惊人的相似性，总是一遍又一遍地轮回同样的模式、同样结构的故事，只不过换了个对象而已。

所以，当我们想真的了解对方时，其实忽略了一个很重要的前提：我们作为这段关系的参与者、主体和观察者，是如何推动关系往哪个方向发展的？换句话说，你了解你自己吗？你知道自己当时说出那句话，给出那个反应，底层真实的动力是什么吗？你了解自己内在相互冲突、相互矛盾的部分起源于哪里吗？你知道你的力量被阻碍的核心是什么吗？

如果你都不了解自己，完全是靠着本能的反应在和他人相处，对自己的潜意识毫无觉知，你把你的生命走向交给了一股你自己都不了解的力量，这就等于坐上了一辆不认识的司机驾驶的汽车，不知道司机的目的地是哪里，也不懂得怎样跟司机（潜意识）沟通，那最后你去到一个自己不想去的地方，就一点儿也不奇怪了。

最好的方式是学习成长，让自己先变得通透起来。当你完全看明白自己的时候，你自然就具备了洞察他人的能力。

无论你是男人还是女人，除了成长进化自己，别无他路。区别只是，是痛苦逼迫着不得不改变还是主动地享受成长。

反正你总是要觉醒的，不过是时间问题。

当伴侣有个糟糕的原生家庭时，我们可以做点儿什么

每个人性格的基石是在童年时父母看待我们的方式。

父母会把他们成长过程中形成的关于自我、关于金钱、关于爱情、关于婚姻、关于世界、关于生活、关于时间……所有这些信念和认知传递给孩子，无时无刻，不管他们意识到还是没有意识到。这个世界只有极少数有非常强大的学习意识和自我检视能力的人经常能有自我觉察，大部分人在95%以上的时间里都是在无意识状态下的。

我们从原生家庭那里传承下来的这些信念和认知构建了我们人格的背景，也就是自我感。自我感不同，回应世界的方式也不同。一个人的自我感会体现在他所有的关系中，无论是和伴侣的关系，还是和孩子的关系、和金钱的关系、和工作的关系……你和你的伴侣都不例外，会被自己的养育者和成长环境以及那个时代的族群文化所影响。

比如：对有些人来说，找个比自己能干、会赚钱的太太是一种荣耀，而对另一群人来说就是耻辱；对有些人来说，道歉是很正常的沟通方式，而对另一些人来说却比登天还难。

家庭和族群时代的信念体系里还有一套固定的价值链条，把你的个人价值和某种身份或者资源绑定在了一起。比如，工作，学历，户口籍贯，年龄，容貌，收入，家庭出生……

而且，在不同的时代、不同的地区，这些标准都是不一样的。在一些地方，女孩二十六七岁独身是很正常的，但在另一些地方就代表你已经是嫁不出去的“老姑娘”了。

一旦人们认同了这个价值链条，就把自己变成这个信念系统的奴隶。你从此斩断了发掘自身力量的机会，而把自己的力量与价值和这些外在的东西联系在一起。当拥有它们的时候，你就会感到自信、有安全感。当你失去它们或者遇到比你这个部分更有优势的人时，你的信心就立刻坍塌掉了。

更重要的是，当我们认同这些价值链条的时候，很难意识到这些都只是非常个人化的标准，而会把这些标准作为世界的真理来要求对方，甚至觉得自己的要求是非常“基本”的。

所以，当人们在要求自己的伴侣时常常会说：

“我的要求已经很低了，我只是希望……”

“这是最起码的要求吧。”

“我已经没有要求他了……但至少……要做到吧。”

当我们在说这些话时，其实是完全站在自己的立场看待对方。认为这些要求“很简单”，代表着目前自己尚没有能力把对方的背景带进来看待对方。

当自我意识被扩展之后，我们就能进入一个更高的维度来看待事物。同一件事，当我们的认知和观察视角发生变化时，我们对一件事的应对方式会完全不同。在亲密关系中，当然也不例外。

我们要把对方的背景带进来观察对方，而不是一厢情愿地认为对方是自己的伴侣，就应该如何如何。我们要能看到对方也是一个人，受限于他的成长历程。有些在我们自己看来很轻易、简单的事情，对对方来说，真的是件不容易的事。

我们希望他勇敢、有担当，却看到他有个强势的母亲和一个温和却时常逃避的父亲。

我们希望他能多表达爱，说一些甜蜜的话语，却看到他的父母木讷、内敛，从不懂如何表达内心的情感。

我们希望他独立、有主见，却看到他有事无巨细都要干涉的父母。

当我们发现自己的伴侣和他的父母有很多方面非常相似的时候，虽然会比较容易理解对方，但同时会有很大的无力感。当我们明白对方确实是有心无力，达不到你所想要的期待时，在失望所衍生的愤怒以前会直接针对伴侣，但现在这股愤怒会转到伴侣的原生家庭上。

生起气来就会脱口而出："你简直跟你妈（爸）一模一样！"你说得很对，但这样说对事情一点儿帮助都没有。不是正确的事情都要说出来，如果说出来会让对方感觉愤怒，是不需要说的。

如果还是想说这样的话，其实只不过想发泄情绪，或者想证明自己眼光的毒辣，有很强的洞察力。

但是，这样并不能支持伴侣走出这样的模式，对方内心会产生很大的分裂感：一方面，会对自己的原生家庭感到愤怒，迁怒于父母，觉得自己现在的问题都是父母带来的；另一方面，原生家庭又是自己生命的源头，当我们评判他父母的时候，其实也在否认他生命的一部分。所以，对方会心生愧疚而更加无力。

支持自己的伴侣走出原生家庭制约的前提，是自己要有更高、更稳当的能量状态。当我们处于焦虑、烦躁的状态时，是没有能力支持别人的，甚至会无意识地把负面状态影响到对方，让对方的状态变得更加糟糕。

当自己的状态不稳定时，还不如什么都不要做，因为做得越多，可能会把问题恶化得更严重。走出原生家庭的引力是需要极大的力量的，绝不是件容易的事。当对方做不到的时候，我们需要给出三种能量：接纳、耐心和信任。

接纳对方的状态，而不是去评判、责备。当然，责备对方的原生家庭也是责备，只不过隐蔽一点儿而已。给对方更多的时间和空间，尊重对方的节奏，而不是总觉得对方进步太慢，或者总定下各种标准来要求对方。

给出信任是最重要的。**相信的力量异常强大，如果我们相信对方一定能发生改变，那么我们才能传递这样的可能性。**如果我们内心就认定“他就这样了，改不了啦”，那么只会强化对方的负面状态。而且，观察即创造，当我们相信对方是什么样子的时候，慢慢地，对方就会在我们面前成为这个样子。

要学习放下期待，放不下就用更有效的沟通方式。对方做不到时，我们要支持对方疗愈他的“空洞”，而不只是一味地索取、指责或者隔离。如果既做不到放下，又没有力量支持对方成长，那只会造成自己和伴侣的痛苦，被死死卡住，而错过在亲密关系中成长的机会。

幸福力的核心是学会寻求帮助

很多人做事和说话都是无意识的、冲动性的、本能的，只不过是图情绪上的一时痛快，这种不带觉知的语言和行动只会让事情离自己想要的目标渐行渐远。

在我们做任何事、说任何话之前，不妨问问自己：

> 我这么说、这么做是希望得到什么？对方能通过我做的这些明白我想要什么吗？

如果对方能明白，那么他能否给出来呢？他有这份能力吗？

如果发现对方可能都自顾不暇了，那么你的求助就是一种干扰。不仅对别人，对自己也是一种负担。

在这种时候，学会去甄别真正有能力支持你的人是极其重要的。而不是执着于：“我就要，我就要，我就要他给我，他是我的爱人啊，他必须给我啊！”“我为他做了那么多，我就是想要他看到我、理解我啊。他不给，那还有什么意思呢？”

也许你有足够的理由要，但是对方没有能力给，那么守着这份“应该”，只会让彼此陷入都痛苦的死循环中。就好像有个人找你借了10万元钱，结果他破产了，到期没钱还你，然后你说：“欠债还钱，天经地义啊！”

你花了很多时间、用了各种方法，甚至打官司，而且你也打赢了。包括法官在内的所有人都说：“他应该还，可他就是没钱还你啊。”

可是，你就是不能接受，因为你觉得“我是有道理的”。最后，你可能为追这10万元的债用了好几年的时间，依然一无所获，而自己宝贵的生命全部消耗在这当中了。但是，如果你能很早接受对方没有偿还能力的事实，不让这件事影响你，该成长成长，该赚钱赚钱。可能几年之后，你早就赚回好多个10万元了。

这时，对方还你钱，是惊喜，值得感激；不还你，也丝毫不影响你拥有快乐、成功的生活。

学会了分辨出那些不适合寻求帮助的对象，那么当你真的跌入生命的低谷时，你可以寻求什么支持的途径呢？比如，找寻身边的智者。

那些人可能是你的一个远方亲戚、朋友、某位老师，他们是能量很大的人，并且自身拥有较为成功、幸福的生命状态，可以在你需要帮助的方向给你指引。

这就是拼人品、拼运气的时候了，因为不是每个人身边都有一个这样的智者。很多人放眼望去会发现，自己整个生活半径中成长最快的人就是自己，而身边的人一个比一个不快乐、不平衡。

如果发现没有这样的人，那么寻求专业人士的帮助就非常有必要了。

很多时候，和老人的矛盾，真的请个靠谱的保姆就可以解决；

锻炼坚持不下去，请个私教来指导你和推动你，效果会好很多；

自己不会搭配衣服，请个专业的造型顾问其实会省掉你很多不必要的花费；

……

情绪或关系上有问题，不要到处诉说或死扛，去找一位好的咨询师或者导师。这些人所受到的多年的训练和丰富的经验是非常宝贵的资源，学会通过付费的方式来让这些价值为你所用，生活会变得轻松、高效很多。

金钱是很重要的一种能量，把它用来让你的生活变得更轻松、更有品质。好的咨询师像一个带有过滤、净化功能的容器，你在这里是安全的。他不会轻易给你贴标签，不会评判你，同时不会用自己的专业力量强迫你做没有准备好的事。同时，他会很快帮你捕捉到你最核心的问题，帮助你节省很多时间。

坦率地说，能做到这些的人真的不多，即使很多学习过多年心理学的人也未必能做到。有很多已经执证且工作多年的咨询师只是掌握了大量心理学的理论，他们甚至无法用这些理论来让自己的婚姻幸福。所以，即便是专业咨询师，也是需要去用心甄别的。

作为一位导师，我非常明白如果只是做课堂英雄，成为信息的搬运工，而自己却没有真正在这个职业中受益，不仅无法真正支持别人，而且对自己来说也是非常可惜的。在我的导师班培训课程里，我会花大量的时间训练他们如何先借由咨询工作来看清自己的模式。只有这样，在面对来访者时，导师才能保持中正，同时有足够的敏感度，并总是能够最快从来访者那里找到他们自己尚未看到的资源和天赋。

人们必须先得到力量，才能从目前的困境中挣脱出来，一味地发现问题是不够的。知道了做不到，有时比不知道还痛苦。

成长是需要陪伴的，无论是孩子还是成年人，不要让自己孤独地面对挑战，这真的是一件太难太难的事。学会寻求帮助、发现资源，从不同的途径获得力量，让自己的生命之旅可以更加轻松和享受一些吧。

有力量选择你爱的，
也有力量离开你不爱的

两头求全是不可能的

两难是很多人的生活状态，离开还是留下，往左走还是往右走。

不管是在工作领域还是在情感领域里，出了问题，无法离开，却也无法留下来给出全心全意的承诺。既不站起来奔跑，又没有躺下来好好休息，而是蹲在原地，力量被消耗却毫无成果。

很多人每天上班的心情都很沮丧，对工作不满意，想要离开，可想了几年都拿不出力量做一个决定，各种担心和顾虑。真要留在原来的工作环境里，打算全力以赴、绝地反击，却又开始各种嫌弃和无力。

在亲密关系中更是如此。我们可以不断地抱怨自己的伴侣，但却不愿意做出任何实质性的改变。没有力量分开，去面对陌生的生活，也不愿意全力以赴地在关系中再次给出承诺。常常体验到疲惫和失望，可是已经习惯了两个人一起生活的感觉。

这种熟悉给你带来某种脆弱的安全感，因为无论做什么选择，离开还是重新改变和对方相处的模式，都意味着你要进入一种未知的生活。

当我们力量不足时，很难做决定跨越进未知的生活。哪怕那种未知里蕴藏着极大的机会，也宁愿留在原来熟悉的现状中。

不做任何选择也是一种选择，那意味着你在冒险和无奈中决定体验后者。为了避免选择所带来的风险，而试图两头求全不是不可能的，只是最后一定会创造一些有强烈冲击性的极端事件来让你被动地做选择。

我在《当你爱自己，全世界都会来爱你》这本书最后谈到过这个部分：

> 什么是极端事件呢？就是各种“巧合”的狗血故事，迫使你不得不做出一些决定。想在一起又不甘心或没信心，就创造一些事，帮自己增加在一起的动力。

我有好几个学员都有过这种经历：准备离婚前夕其中一方突发重病——中风、心脏病等，或者一直在纠结是分还是和之际，突然意外怀孕。发生这些事，婚自然就离不了，于是必须在一起。或者想分开又没力量的，就创造一次极端而猛烈的冲突、意外，然后就势分开。

这种分开通常都是痛苦万分的，因为所有擅长创造极端事件

的人都有力量感不足的共性。

做决定是需要力量的，不够痛的时候根本做不了决定，而且力量感和需要痛苦刺激的部分成反比。越没有力量感，就需要越强烈的痛苦刺激。很多人都习惯了在迫不得已的情况下做决定，极端情况所带来的外部压力可以避免内心的纠结，激发潜能来做决定。

通过潜意识创造的极端事件来被动帮自己做决定，也是一种选择的路径，但用这种方式做的决定，需要承受极大的痛苦。习惯了这种模式，你就总会在自己的生命中创造极端情况。

而且，这是一种绕过表层自我认知被动选择的模式，依靠“外部动力”（其实是潜意识创造出来的）来推动自己做决定。即使选择之后得到了一些收获，那也更像是一种意外。那是一种被命运的皮鞭抽打着往前走的感觉，是痛苦而无奈的，久而久之对自己内在的力量感和决策力会越来越没有信心。

当继续做选择时，还是无力主动选择，便会无限拖延，直到再创造出一个极端事件，不得不做出决定。如此循环往复。所有不敢主动做选择的人无非都害怕一件事：担心自己选错了。他们不想面对任何风险。

很多人之所以有选择障碍，是因为他们天真地认为当下的选择是决定一切的关键。期待只要做了“正确”的选择，未来就会顺风顺水了。但其实，选择不会让事情变好，让事情变好或变糟的，是你自己。

你不对，选什么都是错的，一手好牌也会打烂。你对了，怎么选都对。可以逢凶化吉、遇难成祥。不是你的选择是否正确，而是你是否有力量和智慧让你的选择正确。

突然想起董明珠的名言："我从来不犯错。"有力量的人总能让自己的选择成为正确的选择。

隐藏在我们人格中的那些问题总是要面对的：焦虑，匮乏，傲慢，怯懦，讨好，逃避，控制，迁怒，固执……不同的选择不会让你避免面对这些问题，不同的只是一个切入问题的角度和遇到问题的先后顺序而已。

选择是对一段关系的承诺，无论是广义的关系（你和工作、身体、社区、家庭的关系），还是与某个人的关系。

承诺是进入创造状态的前提，代表决定好要去面对创造过程中所有的未知。当然，选择结束也是创造，彻底结束的同时也意味着新的开始。

一段关系中的客体，也将成为你的镜子

当进入一段关系时，对面的客体就成了你的镜子。你的企业，你的家庭，你的伴侣，你的孩子……这些所呈现的样子就是你的样子。没有例外，没有偶然，且十分精确。

有关系才会有事发生，如果没有这些事缘，你就不会有机会

看到自己模式的局限。你始终被自己的人格所困，认为自己被“别人”辜负或者拖后腿。

所有的无力感都是对自己的盲目认知造成的，看不清自己，就会往外求。一旦外求，就注定会落空的。光在打坐、喝茶或者在身心灵工作坊感受“悟”“喜悦”“空”等，一旦遇到人或事就立刻被打回原形，这样是没有意义的。你要明白，每一次课程或禅定，都是为了你下一次遇到事的时候可以把这种状态带进去而做的练习。

不敢在现实生活中做选择，事实上是害怕打破现有的平衡，但这种平衡是脆弱的、经不起风浪的。

而我们的潜意识知道这一点，所以即使暂时维持在一个看似平衡的状态，内心却依然会有隐隐不安的感觉。如果我们忽略这种不安，那么离极端事件基本就不远了。

人的内在意识有着复杂的组成机制。我们有大量的人格模式是隐蔽的，没有被自己所觉知。在关系所带来的某种情景下，一些我们潜意识深处没有被意识到的碎片会被触发，并被呈现出来。比如，你刚决定进入一段亲密关系时，你相信你会一直爱他。

在那一刻，你的爱是真心的、是坚定的。这时，我们所运作的完全是表意识系统，是我们当下能捕捉到对自己的全部感觉。你越不了解自己，能捕捉到自己的感觉就越浅显。

但后来你们发生争吵，在争吵时对方决绝地转身离去，把你一个人孤零零地留在原地时，这个场景一下子触发了你四岁时，父母在你百般哀求下依然离开你去上班的回忆，那种被遗弃和绝望的感觉。

那段记忆已经在你成长之后被尘封起来，你自己都忘记了那段经历，但那个被遗弃和不值得被爱的感觉进入了你的人格深处。当对方的这个动作做出来之后，这种感觉马上就被激发了出来。

然而，在绝大多数情况下，你是不会意识到这种感觉是来自你童年的经历的。很多时候，我们被当下的情景所触发的不是那段回忆，而是那段经历所带来的感觉。所以，我们很难分清楚那些强烈的情感反应有多少是当下的事所带来的，有多少掺杂了沉积已久的陈旧伤痛。

这种触发其实是一个绝佳的自我修复的机会。平时，这种感觉是一种人格底色，很难被你所觉知，而在这一刻，这种感觉浮到了表意识层面，你可以抓住它了。

如果我们能把注意力放在自己的内在，去观察，并自我扩展、自我疗愈，那么我们就能穿越自己这种不值得被爱的感觉，而带来自我意识的彻底改变。

然而，绝大多数人的反应是，这种感受被触发之后，我们会受伤，然后进入防御模式。为了避免这种感觉再次被触发，我们开始往后退，心开始关闭。于是很自然地，想分开的念头冒出来了，质疑这个人值不值得爱的念头出来了，质疑之前做的决定是否正确的念头出来了。

而且，不仅仅是实际发生的事情会触发那些感受，哪怕什么事都没有发生，一样可以创造出受伤的感受。小我有种强大的强化情绪功能，就是我之前说的“演绎”。

例如，你在家里收拾房间，突然看到对方的袜子，然后想到在买袜子的那天你们吵架的事情，想到他对你说的那些伤人的话，想到你为对方付出了那么多，想到……

这时，可能别人只是看到你对着衣柜发呆了两分钟，但你已经和两分钟之前的状态完全不同了，你的能量急剧下降了。

如果还没有觉知一点儿，你可能直接拿起手机给对方发信息或打电话了。即使当时你忍住了把情绪表现出来的冲动，当你晚上再见到对方时，必定是缺乏耐心，满是评判，各种看不顺眼的状态。

如果习惯纵容这种内心戏码，用不了多久，你基本上很快就会进入下一轮是分开还是在一起的左右为难了。选择最难的地方是，你不是做一次就够了，而是随时随地都在做选择。

没有成长的人会跟随自己的这种习气，创造出各种悲苦、沉重的命运，最糟糕的是自己创造出来却不自知，还以为是当初做错决定了。选错人，或是爱情的错、婚姻的错，或是更具象的理由，是我太信任他了、投入太多了、太毫无保留了……

如果是这种归因水平，只能说，你对自己的了解实在是太少了。据说，有一种在情感中的“三不男人”：不主动，不拒绝，不负责。这类人可以说是被动人生态度的典范，被动的人害怕面对选择。

所有的选择都必然会更深地看到自己，他们没有勇气面对内心底层翻涌上来的感受。所有的逃避，本质上都是逃避面对自己。

他们选择保留那种虚假的平静感，宁可让自己麻木，也绝不冒险体验任何伤痛或是失败的感觉。

Facebook（脸书）创始人扎克伯格说："最大的风险是你根本不去冒险。"不往前移动，就会停留在原地，然而宇宙小到夸克大到恒星，都是在不断地震动彼此交换能量的。

生命就像一条川流不息的河流，当你想在一条河流中保持静止状态，所需要消耗的生命力其实比往前移动所要消耗得更多。

输不起的人永远也没有机会赢，因为他们不会给自己真正参与的机会。其实，他们不明白的是，只要做出了决定，就已经赢了。无论是在情感还是在事业层面，任何全情参与过的体验都不会浪费。

生命是一个巨大的拼图，你很难在刚刚开始就意识到那些杂乱图案的碎片意味着什么。但是，只要一片一片拼下去，你很快就会发现那个碎片对于整体的价值。

你曾经做过的那些毫不相干的事：大学时的某份兼职，一次失恋，一个人的旅行，一段外派经历，一次糟糕的分离，一次创业……

有一天，你会发现在那些经历中所学习到的东西原来比你想象的还要多，而且都可以在某个点被使用出来。可是，这些事，如果你不去经历，怎么会知道呢？

去爱每一个你想爱的人，做所有你想做的事，不需要考虑多么完美、周全。事实上，你不做，永远都不可能预料到选择之后会发生什么。去体验、去学习，并在这个过程中不断地扩张自己。带着深情播种，带着喜悦收获。让自己来地球的这段体验丰饶而充沛，除了体验，你还能拥有什么呢？

帮助自己做决定的练习

准备好彩笔和纸，一个安静的、不会被打扰的空间，还有至少三十分钟充裕的时间。

想出在你目前生活中一个重要的课题，可以是买一件重要的东西、一次旅行、一次课程、换工作，或是开始（终止）一段关系，写在纸上。

安静地坐着，放松身体。让你内心深处的感觉浮升上来。至少花五分钟时间想这个问题。去联结自己的本体，在这股力量的指引下，把任何新的想法记下来。

停留在这安静、放松的状态中，想想你现在能做什么，来给你的生活带来更多的力量和平衡。将你的想法写下来。

当你具备怎样的特质的时候，你就会更容易行动或做决定？例如，勇敢、智慧、自信……

去感受带着这样特质的自己，他看起来什么样子、什么姿态？是站着，还是在跑？穿着什么样的衣服？散发着怎样的能量？完全地去感受这样的自己（这样的状态至少保持三分钟）。并去感受这样的自己会如何来看当下所面对的这个选择是一种怎样全新的感觉，把这个感觉变成一种画面意象画出来。不用在乎画得好不好，只是让自己纯然留在这种感觉里让图案呈现。

我曾经七次鄙视自己的灵魂

第一次，它本可以进取时，却故作谦卑；

第二次，它在空虚时，用爱欲填充；

第三次，在困难和容易之间，它选择了容易；

第四次，它犯了错，却借由别人也会犯错来宽慰自己；

第五次，它自由、软弱，却把它认为生命的坚韧；

第六次，它鄙夷一张丑恶的嘴脸时，却不知那正是自己面具中的一副；

第七次，他侧身于生活的污泥，虽不甘心，却又畏首畏尾。

——纪伯伦

你值得拥有美好的亲密关系

我在给我的一位导师做电话支持时，听到她在电话那头无奈又愤恨地说她的一位访客："这人怎么能把自己的生活搞成这个样子！"

虽然这种评判对于咨询师和客户之间的关系有着严重的影响，而且在评判对方时，支持对方改变的力量就消失了，但我在这里想谈的并不是关于一个心灵导师的自我修养，我想谈的是：

为什么有这么多人可以做到纵容自己的生活不断变糟，宁可选择"忍"，也不去面对和解决？

做导师的工作，让我有机会看到很多人的生命故事。不得不说，我发现人们忍受痛苦的能力是非常震惊的……

有时，我第二天要出差，但访客非常着急地想要见我，根本无法等到我出差回来。于是，我只好临时安排晚上的时间给对方。

这样的事情发生过好几次，来的人通常都已经处于"病入膏肓"的阶段，不来则已，一来就火急火燎。原因很简单——已经

“忍”到极限了，一分钟也忍不下去了！这时候，真的要努力保持中正、平和，把那个“你早干吗去了”的念头给放下……

通常来说，人们练就上乘“忍”功有三个重要的原因：

一、自我生命标准太低；

二、侥幸心理；

三、自我阉割式的归因习惯。

自我生命标准太低

很多人在和亲密的人吵架时，会把积压很久的怨气一股脑儿地用一种崩盘式的方式表达出来，说出很刻薄的话，对方感受到伤害再愤恨地回击更恶毒的话。两个人的心都被狠狠地戳伤，彼此的关系也被撕扯得稀巴烂，盛怒之下想掐死对方的心都有……架吵完了，几天都不说话，等气慢慢消了，双方又假装什么事情都没有发生一般继续生活。不去面对之前发生的事情，不会郑重地道歉，不会去见关系咨询师，即便和对方在同一间屋子里共处，深深的裂痕就摆在眼前，两人的关系如履薄冰。但是，好像只要晚上对方还能回家，三餐继续，日子就可以继续这样过下去。

如果问当事人，发生了这么大的冲突为什么不去跟对方深入地沟通？通常得到的回答是“谈了也没用”，或者“越谈越糟”。如果你继续问：“那为什么不去寻找更专业、更有力的支持？这样生活不难受吗？为什么不去为自己争取更有幸福感的生活状态？”

他们的回答通常是：

“过日子不都是这样吗？”

“大家都这样，还有人……我这还算好的了。”

“我只是想好好地过日子，也没多大要求。”

你觉得生活都是这样，是因为你父母以及周围的亲朋好友都是这样。你没见过在关系中，双方可以安全地向对方敞开心门表达心底最隐秘的脆弱，可以完全地爱着对方却不用控制对方，可以彼此支持却没有半点儿牺牲或看轻对方，可以平等、尊重而且彼此欣赏，可以彼此独立却又彼此忠诚，可以做任何自己想做的决定，并且相信对方一定会信任并全力支持……

但是，很多人因为没体验过甚至没见过这样的相处方式，因此就以为这样的关系不存在，便把那些充满控制、猜忌、牺牲、隐忍、愤怒、小心翼翼的关系当作理所当然，以为这就是正常的生活。

迪士尼 2015 版的《灰姑娘》里，辛德瑞拉初次见到王子时说了一句台词正道破了这个秘密：“正常并不代表正确！”当自己过去生活的历史经验（原生家庭的生活基调）和现在生活的环境（亲朋好友的生命状态）已经制约了你的世界观、人生观，当你把混乱，充满焦灼、纠结的生活状态当作生命的常态时，出去见见世面就变得很重要了。

韩寒拍摄的电影《后会无期》里有句台词：“你连世界都没观过，哪儿来的世界观？”无论是读书（有品质的好书），还是上工作坊、旅行（和高能量的人一起），都是重新冲刷内在框架很好的方式。

我见过的所有把自己的生活过得风生水起的人，都是很“贪心”的人。他们眼界很高，世界很大。他们不愿将就，很早就决定：我的生活绝对不只是这样！

在亲密关系领域中：

> 超过24小时的冷战；
>
> 感觉对方不再愿意向自己敞开心扉；
>
> 发现跟对方说话时自己竟然需要小心翼翼；
>
> 动过好几次分开的念头；
>
> 对彼此开始缺乏耐心；
>
> ……

这些对于有些亲密关系的人来说是家常便饭、熟视无睹的事情，对于另一些人来说却是极其需要重视的信号。这样的人总是愿意大刀阔斧地去改变、去成长、去拥抱变化。甚至在别人眼里还很不错，他们都不能忍受生活中的“鸡肋”来消耗自己，这不仅仅体现在亲密关系中，还体现在工作、健康等他们重视的领域。

中岛哲也导演的电影《下妻物语》中有句台词：“**抓住幸福其实比忍耐痛苦更需要勇气**。”

当我们敢于看到更多可能性时，会发现原来世界上真的有人可以把自己的生活过得多姿多彩、喜悦、幸福，而那些人并没什么三头六臂，起点也未必比你高多少……看得多了，见识广了，见过好东西了，自然就会提高对自己生活状态的标准，就不会甘于“搭伙过日子而已”“过一天算一天”“差不多就行了”，也不会把将就当作美德，终于不是让日子来过你，而是真正开始掌控你的生活……

侥幸心理

这种人就是一个“混”字大法，在关系中遇到各种不舒服，都抱着侥幸心理：

> “我想忍一忍就过去了。”
>
> “我以为时间长了就会好的。”
>
> “我觉得有了孩子就不一样了。”
>
> “我想孩子大点儿懂事了就会好了。”

归根结底一句话：“我期待在我不做任何实质性改变的情况下，问题慢慢消失，事情会自然变好。”

你混你的生活，你的生活自然就会混你。

这些在关系中积压的负能量绝不可能因为时间的流逝而消失，只会因为时间的流逝而累积到某个临界点时爆发，不是正面表达就是侧面表达。这种靠逃避和不面对问题所维持的关系，也许表面上还过得去，两个人同出同进，也没多少激烈的争吵（害怕冲突，都隐忍下来）。

这种关系表面上风平浪静，实则暗潮汹涌。只要发生一个导火索性质的事件，就会新仇旧恨“连本带利”一起算，要么不爆，要爆就会极其猛烈，直接割裂关系、离婚、断绝关系等。还有更会逃、更会忍的，把这些关系中产生负面情绪的淤堵压抑到自己的身体里，形成疾病。你稍加留意就会发现，那些处于常年争吵、冷战的家庭关系中的人都是一身的病痛。

宇宙法则有物质不灭定律，同样有能量不灭定律。所有在关系中形成的情绪都是一种被堵塞的能量。把头埋在沙子里假装问题不存在是一种儿童式的自欺欺人。就好像孩子害怕怪物来的时候，通常会用被子把头蒙住，然后就安心了。

吓人的怪物是儿童幻想出来的，但成年人在关系中造成的裂痕是真实存在的，需要去面对和修复，越早修复越容易。末病可比未病难治多了，等病入膏肓时，医术再高明的医生也只能说：“回家吧，医院真的无能为力了。”

有人可能会说：“我想面对、想解决来着，可解决不了啊，所以只能自我安慰，不然日子还怎么过啊。”

在关系教练中有个很重要的守则——每个人都具备让自己成

功、快乐的资源，只看他是否使用。事实上，之所以解决不了问题是自己一开始看待问题的角度就是错误的，把自己解决问题的力量给阉割掉了。这就涉及下面谈到的归因方式。

自我阉割的归因方式

每个人看待事物的角度都是不同的，由自己的养育者的信念系统、过去的生活经验、平时摄取的各种信息来决定。或者换种说法，这些你从小到大、有意或无意摄取的信息，造就了你的人格特征，决定了你今天如何思考问题、如何定义自己的历史，以及所有的信念体系。

童年时期先放一放，我们来看看成年之后的你都习惯于摄取怎样的信息。

这些信息包括：

你看什么类型的电视节目：综艺节目，纪录片，时事评论……

选择看什么类型的影视剧：肥皂剧，言情片，战争片，国产剧，韩剧，英剧……

看什么书，或者不看书？

你身处的环境：

你经常出入的场合：KTV，酒吧，公园，健身房，图书馆……